# Reihe *leicht gemacht*®

Prof. Dr. Hans-Dieter Schwind, Hochschullehrer
Dr. jur. Dr. jur. h. c. Helwig Hassenpflug
Dr. jur. Peter-Helge Hauptmann, Richter am AG

W0056797

# Jura

## *leicht gemacht*

Das juristische Basiswissen: Gesetzgebung, Rechtsprechung, Lehre, Grundwissen für das Zivil-, Straf- und
Öffentliche Recht, Juristische Arbeitstechniken, lateini-
sches Minilexikon. Eine kleine Rechtsgeschichte im
Überblick.

2., neu bearbeitete Auflage

*von*
*Dr. Peter-Helge Hauptmann,*
*Richter am Amtsgericht Güstrow*

Ewald von Kleist Verlag, Berlin

Umwelthinweis:
Dieses Buch wurde auf chlorfrei gebleichtem Papier gedruckt.

Ewald von Kleist Verlag
ISBN: 3-87440-217-7
978-3-87440-217-0
© www.kleist-verlag.de
2007 Ewald v. Kleist Verlag
Gestaltung: Andre Illing (Wollenweber-Str. 62, 18055 Rostock)
und ramminger Corporate & Marketing Communication GmbH
Druck & Verarbeitung: Druck und Service GmbH, Neubrandenburg
*leicht gemacht*® und *von Kleist*® sind eingetragene Warenzeichen

# Inhaltsverzeichnis

## I. Das Rechtssystem

## II. Sachgebiete des Rechts

## III. Juristische Arbeitstechnik

## IV. Kleine Rechtsgeschichte

# Leitsatzverzeichnis (L = Leitsatz, Ü = Übersicht)

# I. Das Rechtssystem

## 1. Lektion

### Grundlagen
#### ▰▰ Fall 1

Sie haben gerade das Buch „Jura *leicht gemacht*®" gekauft und zeigen es Ihrem Freund. Dieser fragt Sie sicher „JURA, was bedeutet denn dies?". Was werden Sie ihm antworten?

Halt! Jetzt nicht einfach weiterlesen. Legen Sie das Buch zur Seite und überlegen Sie eine Antwort.

Jura kommt aus dem Lateinischen und heißt „die Rechte". Welche Rechte sind dies nun? Viele werden antworten das Zivil- und das Strafrecht. Dies ist jedoch in Irrtum. Es sind das weltliche und das kirchliche Recht. Der Ausdruck wurde im Mittelalter geprägt, als Kaiser und Papst eigene Rechtswelten vertraten. Auch heute gibt es noch ein eigenständiges Kirchenrecht.

Sie hoffen natürlich, daß Jura in diesem Buch für die rechtswissenschaftliche Lehre in Deutschland steht und der Einstieg in diese Materie im Weiteren vermittelt wird. Dies ist richtig.

Im Buch „Jura leicht gemacht" werden nicht nur die Grundlagen des Rechts aufgezeigt, es werden darüber hinaus auch weite Bereiche jenes Wissens vermittelt, das man als juristische Allgemeinbildung bezeichnet. Diese Kenntnisse stellen in Prüfungen häufig geradezu das Salz in der Suppe dar.

### Grundgesetz
#### ▰▰ Fall 2

Politiker fordern schon mal Maßnahmen, ohne genau darüber nachgedacht zu haben. Stellen Sie sich vor, ein Politiker fordere, den Religionsunterricht an Schulen aus Kostengründen komplett abzuschaffen. Sie werden ihm dann sicher Art. 7 Abs. 3 Grundgesetz vorhalten: Religionsunterricht ist an öffentlichen Schulen ... ordentliches Lehrfach.

Aber was antworten Sie, wenn der Politker erklärt, dann müsse Art. 7 Abs. 3 GG eben abgeschafft werden?

Das Rückgrat unseres Rechtssystems ist das Grundgesetz. Es ist nicht wie unsere anderen Gesetze in Paragraphen, sondern in Artikel gegliedert, ein Relikt aus der englischen und amerikanischen Besatzungszeit.

Am 1.9.1948 konstituierte (bildete) sich der Parlamentarische Rat. Er bestand aus 65 stimmberechtigten Mitgliedern aus Politik und Gesellschaft, die von den bereits bestehenden Ländern gewählt worden waren. Zuvor war auf dem Herrenchiemseer Verfassungskonvent ein Entwurf erarbeitet worden. Nach mehrfacher Intervention der Besatzungsmächte kam es dann nach acht Monaten am 8.5.1949 zur Schlußabstimmung und zur Annahme mit 53 gegen 12 Stimmen. Die Militärgouverneure genehmigten das Grundgesetz vier Tage später, die schon existierenden Landtage in den nächsten Tagen, so daß das Grundgesetz am 23.5.1949 verkündet werden konnte. Mit der ersten Bundestagswahl vom 14.8.1949 wurde dann das Grundgesetz auch vom Volk bestätigt.

Das Grundgesetz ist eine Verfassung, es heißt jedoch nicht so. Mit der Namensgebung sollte die Vorläufigkeit bis zur erhofften Vereinigung mit der DDR dokumentiert werden. Nach der Wiedervereinigung am 3.10.1990 hat man es dann jedoch bei dem eingebürgerten Namen gelassen.

## Leitsatz 1

### Entstehung des Grundgesetzes

Das Grundgesetz wurde vom Palamentarischen Rat am 8. Mai. 1949 auf Grundlage des Herrenchiemseer Verfassungsentwurfs beschlossen und wurde nach weiteren Zustimmungen am 23. Mai 1949 verkündet.

Herzstück des Grundgesetzes ist der sog. Grundrechtskatalog des ersten Abschnitts, der die Artikel 1 bis 19 umfaßt. Hervorzuheben sind der Schutz der Menschenwürde (Art. 1), der Gleichheitsgrundsatz (Art. 3) und die Eigentumsgarantie (Art. 14). Wichtig und bedeutend sind allerdings alle Grundrechte. Einen strukturierten Überblick erhalten Sie in Übersicht 1.

Von großer Tragweite ist die Rechtsweggarantie des Art. 19 Abs. 4 S. 1 GG. Durch sie wird gewährleistet, daß jedem, der sich durch die öffentliche Gewalt in seinen Rechten verletzt fühlt, der Rechtsweg offen steht. Was nützt ein Recht auf dem Papier, wenn man es nicht einklagen kann? Alle Rechte bestehen ihre Feuerprobe letztendlich erst im Gerichtssaal. Eine Klage ist vor den normalen staatlichen Gerichten (Art. 92 GG) einzureichen, und nach Ausschöpfung des Instanzenwegs entscheidet dann als Letztes das Verfassungsgericht. Lesen Sie zur Zuständigkeit des Bundesverfassungsgerichts Art. 93, 99, 100 GG.

## Übersicht 1:    Grundrechtskatalog

| Art. 1 Schutz der Menschenwürde | |
|---|---|
| **Art. 2** Persönliche Freiheitsrechte | **Art. 11** Freizügigkeit |
| | **Art. 12** Berufsfreiheit |
| **Art. 3** Gleichheit vor dem Gesetz | **Art. 12a** Grundrechte bei Wehr- und Ersatzdienstpflicht |
| **Art. 4** Glaubens-, Gewissens- und Bekenntnisfreiheit | **Art. 13** Unverletzlichkeit der Wohnung |
| **Art. 5** Recht der freien Meinungsäußerung | **Art. 14** Eigentum - Erbrecht - Enteignungsent-schädigung |
| **Art. 6** Schutz von Ehe, Familie, nichtehelichen Kindern | **Art. 15** Vergesellschaftungs-entschädigung |
| **Art. 7** Grundrechte im Schulwesen | **Art. 16** Staatsangehörigkeits-schutz und Ausliefe-rungsverbot |
| **Art. 8** Versammlungsfreiheit | |
| **Art. 9** Vereinigungsfreiheit-Koalitionsfreiheit | **Art. 16a** Asylrecht |
| **Art. 10** Grundrechte im Brief-, Post-, Fernmeldewesen | **Art. 17** Petitionsrecht |
| Art. 19 Abs. 1 S. 1 Rechtsweggarantie | |

Es ist jedoch nicht so, daß im Grundgesetz nur Rechte festgeschrieben sind. Es finden sich auch Verpflichtungen, etwa im kürzesten deutschen Gesetzessatz: „Eigentum verpflichtet" (Art. 14 Abs. 2 GG).

Aber reicht das alles schon um die Einhaltung der Grundrechte abzusichern? Denken Sie an den Politiker aus dem FALL 2. Er will die Artikel, die ihm nicht gefallen, einfach abschaffen! Auch hieran haben die Väter der Verfassung gedacht. In Art. 19 Abs. 2 GG haben sie hineingeschrieben, daß in keinem Falle ein Grundrecht in seinem Wesensgehalt angetastet werden darf.

Aber was ist der Wesensgehalt eines Grundrechts?

Darüber gibt es viele Theorien. Man kann den Wesensgehalt etwa mit den Begriffen Wesenskern, Grundrechtskern, Grundsubstanz, Mindestinhalt oder auch Mindesposition beschreiben. Allerdings ist natürlich festzustellen, daß der, der ein Grundrecht einschränken will, es immer so sieht, dass der Wesensgehalt nicht betroffen sei.

Kennen sollte man auch das Zitiergebot aus Art. 19 Abs. 1 S. 2 GG. Danach muß ein Gesetz, welches ein Grundrecht einschränkt, dieses unter Angabe des Artikels nennen. Was soll das? Das Zitiergebot soll für den Gesetzgeber eine Warn- und Besinnungsfunktion übernehmen und für die Gesetzesauslegung und -anwendung stellt es eine Klarstellungfunktion dar.

Zurück zu FALL 2. Was werden Sie dem Politiker entgegenhalten? So einfach geht das nicht. Art. 7 Abs. 3 GG komplett aufheben ist unmöglich, da es in jedem Fall den Wesensinhalt antasten würde (Art. 19 Abs. 2 GG). Aber was ist mit leicht ankratzen - den Religionsunterricht etwa nur auf die Klassen 1-4 zu beschränken oder ähnliches? Jetzt kommt der Wesensgehalt ins Spiel! Religionsunterricht nur auf die Klassen 1-4 zu beschränken, wäre wohl ein Eingriff, Prüfungsfach muß es jedoch möglicherweise nicht sein.

## Leitsatz 2

**!**

### Der sog. Grundrechtskatalog

Im ersten Abschnitt des Grundgesetzes (Art. 1-19) finden sich die bedeutenden Grundrechte, der sog. Grundrechtskatalog. Sie dürfen gem. Art. 19 Abs. 2 GG in ihrem Wesensgehalt nicht angetastet werden.

## Gewaltenteilung
 **Fall 3**

Stellen Sie sich ein kleines abgeschiedenes Dorf vor. Um der öffentlichen Hand Geld zu sparen, und weil dort sehr wenig Polizei- und Richterarbeit anfällt, wird beschlossen, eine Person einzustellen, die zur Hälfte als Polizist und zur anderen Hälfte als Richter arbeitet. Dies sei auch praktisch. Die morgens gefangenen Diebe könnten nachmittags gleich abgeurteilt werden, ohne daß der Sachverhalt nochmals vorgetragen werden müsse.

Was wird hier falsch gemacht?

Die Gewaltenteilung (auch Gewaltentrennung) ist ein tragendes Prinzip der meisten modernen demokratischen Verfassungen, geradezu eines der Hauptmerkmale eines Rechtsstaats. Der Grundstatz in seiner heutigen Ausgestaltung ist auf die Rechtsgelehrten und Philosophen John Locke, Immanuel Kant und besonders Charles Montesquieu zurückzuführen. Mehr zu den Gelehrten erfahren Sie in der Lektion 15 zur Rechtsgeschichte.

Durch die Gewaltenteilung wird die politische Macht im Staat in drei Funktionsbereiche aufgeteilt. Durch die gegenseitige Kontrolle und das Ineinandergreifen der Gewalten soll eine Mäßigung der Staatsgewalt erreicht werden. Die drei Gewalten sind die gesetzgebende Legislative, die vollziehende Exekutive und die rechtsprechende Judikative. Im Grundgesetz sind diese indirekt in Art. 20 Abs. 2 festgeschrieben. Unbedingt lesen! Wie so häufig in deutschen Gesetzen, werden so wichtige Dinge allerdings nicht direkt beim Namen genannt, sondern geradezu als allen bekannte Grundlage nur im anderen Zusammenhang aufgeführt.

Die drei Gewalten werden in Art. 20 Abs. 2 GG unter den Bezeichnungen Gesetzgebung, vollziehende Gewalt und Rechtsprechung angesprochen.

Die Legislative (gesetzgebende Gewalt) liegt bei der vom Volk gewählten Vertretung. In Deutschland liegt diese also bei den Parlamenten, dem Bundestag und den Landtagen. Hier werden unsere einzelnen Gesetze erlassen. Neben vielfältigen weiteren Aufgaben sind Parlamente auch für die Bestellung der Regierungen zuständig.

Die Exekutive (vollziehende Gewalt) wird meist mit der Verwaltung gleichgesetzt. Tatsächlich umfaßt sie auch die Regierung. Die Exekutive umfaßt also die vom Vertrauen des Parlaments abhängige Regierung und die ihr umfassend nachgeordneten Verwaltungsbehörden, die auf den Gesetzesvollzug ausgerichtet sind.

Die Judikative (rechtsprechende Gewalt) ist nach Art. 92 GG den Richtern anvertraut, darf also kraft Verfassungsrecht nur von Richtern ausgeübt werden.

Zur funktionierenden Gewaltenteilung gehört auch eine personelle Gewaltenteilung. Verschiedene Funktionsbereiche sollen auch durch unterschiedliche Personen wahrgenommen werden. Es liegt in der Natur des Menschen, daß er nicht zwei oder mehrere konträre Aufgaben gleichzeitig gleich gut wahrnehmen kann. Dies führt zur Lösung des FALLS 3: Ein Polizist, der nachmittags als Richter arbeitet, ist nicht mit dem Grundsatz der Gewaltenteilung zu vereinbaren. Eine Person kann nicht gleichzeitig als Polizist der Exekutive und als Richter der Judikative angehören. Der Arme käme auch in riesige Gewissenskonflikte.

Allerdings ist es tatsächlich nicht möglich, die drei Gewalten völlig zu trennen. Wie schon aufgezeigt, bestellen die Parlamente (Legislative) die Regierungen (Exekutive). Die Richter wiederum werden von Regierung und Parlament (Richterwahlausschuß) eingestellt. Auch stehen dem Parlament vielfach direkte exekutive Befugnisse zu, etwa im Haushalts- und Finanzwesen durch die Bestimmung der Ausgaben. Umgekehrt kann die Verwaltung durch den Erlaß von Rechtsverordnungen legislativ tätig werden. Es heißt daher, daß nicht die absolute Trennung, sondern die gegenseitige Kontrolle, Hemmung und Mäßigung der Gewalten dem Verfassungsaufbau zu entnehmen sei. Überschneidungen verstoßen daher nicht gegen das Rechtsstaatsprinzip, solange die Gewaltenteilung dem Grundsatz nach eingehalten ist.

## Leitsatz 3

**Gewaltenteilung**

Durch die Teilung der Staatsgewalt in drei sich gegenseitig kontrollierende Gewalten soll eine Mäßigung der Staatsgewalt erreicht werden. Die drei Gewalten

- Legislative (gesetzgebende Gewalt)
- Exekutive (vollziehende Gewalt)
- Judikative oder Rechtsprechung (rechtsprechende Gewalt)

sind in Art. 20 Abs. 2 GG (indirekt) festgeschrieben. Überschneidungen zwischen den Gewalten verstoßen nicht gegen das Rechtsstaatsprinzip, solange die Teilung dem Grundsatz nach besteht.

## Gewaltmonopol des Staates

 **Fall 4**

Sie sehen in einem Kaufhaus, wie ein Kaufhausdetektiv einen jungen Mann gegen dessen Willen festhält und mit etwas Gewalt (schubsen) in ein Büro führt. Der Dedektiv ging wohl davon aus, dass er einen Ladendieb gefangen habe. Ihr Freund, der dies auch gesehen hat, fragt Sie nun: „Darf der das eigentlich?".

Das Gewaltmonopol des Staates ist - so heißt es - eine Errungenschaft des Rechtsstaats und darüberhinaus eines seiner Wesensmerkmale. Ein schöner Satz, der soviel heißt, daß das Gewaltmonopol nirgendwo richtig festgeschrieben ist, es aber alle zur Grundlage nehmen. Lediglich das Bundesverfassungsgericht hat das Gewaltmonopol mal sehr drastisch als „eigentliche und letzte Rechtfertigung" des Staats beschrieben (BVerfGE 49, 202/209).

Das Gewaltmonopol des Staates ist von sehr großer Bedeutung. Es schützt die Menschen innerhalb der staatlichen Gemeinschaft vor ge-

genseitigen Gewalttätigkeiten (z.B. Faustrecht) und stellt sicher, daß Streitigkeiten zwischen Privaten mit den Mitteln des Rechts und nicht mit Gewalt ausgetragen werden. Jede Form der privaten Gewaltanwendung, aus welchen Motiven oder zu welchen Zwecken auch immer, ist grundsätzlich untersagt.

Es bestehen allerdings einige wenige Ausnahmen, die sog. Rechtfertigungsgründe. Diese betreffen Situationen, in denen der Staat den Angriff auf die Rechtsgüter nicht wirksam oder nicht rechtzeitig abzuwehren vermag. Es handelt sich dabei insbesondere um die Notwehr gem. §§ 227 BGB, 32 StGB, die Not- und Selbsthilfe gem. §§ 229, 562b, 859, 860 BGB, den Notstand gem. §§ 228, 904 BGB, 34 StGB oder das verfassungsrechtlich garantierte Widerstandsrecht (Art. 20 Abs. 4 GG).

Eine weitere Ausnahme ist das Festnahmerecht gem. § 127 Abs. 1 StPO. Hiernach kann jedermann auch ohne richterliche Anordnung jemanden festnehmen. Dies gilt allerdings nur, wenn dieser auf frischer Tat betroffen oder verfolgt wird und wenn er zudem der Flucht verdächtigt wird oder seine Identität nicht sofort festgestellt werden kann. Damit kommen wir zur Lösung des FALLS 4: Ein Kaufhausdetektiv kann sich, wenn er einen frischen Diebstahl gesehen hat, auf  § 127 Abs. 1 StPO berufen. Zur entsprechenden Festnahme gehört nicht nur das Festnehmen selbst, sondern dann auch das Abführen an einen geeigneten Ort.

## Leitsatz 4

**Gewaltmonopol des Staates**

Das Gewaltmonopol des Staats ist ein Wesensmerkmal des Rechtsstaats. Nur dem Staat ist die Gewaltanwendung erlaubt. Jedem Privaten ist diese grundsätzlich verboten. Wenige Ausnahmen ergeben sich etwa aus der Notwehr, dem Notstand, der Not- und Selbsthilfe, dem Widerstandsrecht (Art. 20 IV GG) oder dem Festnahmerecht.

Verschiedene entscheidende Grundlagen des Rechtssystems wurden nun besprochen. Es sind aber bei weitem nicht alle; weitere, wie die Demokratie, werden Ihnen sicher schon aus anderer Quelle bekannt sein. Angesprochen werden soll hier noch der Grundsatz der Meßbarkeit des staatlichen Handelns. Staatliche Handlungen müssen in gewisser Weise voraussehbar und bestimmt sein. Hieraus ergeben sich z.B. Anforderungen an die Gesetzgebung, etwa das Rückwirkungsverbot bei belastenden Gesetzen insbesondere Strafgesetzen (Art. 103 II GG; kurz und auf Latein: nullum crimen sine lege; mehr in Lektion 6). Auch der Grundsatz der Verhältnismäßigkeit von Mittel und Zweck ist für alle Teile der Staatsgewalt verbindlich. Es besteht ein Übermaßverbot. Eine Maßnahme muß erforderlich und verhältnismäßig sein. Ein Verstoß gegen das Übermaßverbot führt zur Unrechtmäßigkeit der Maßnahme.

# 2. Lektion

## Gesetzgebung und Gesetze

Es gibt eine Vielzahl von Gesetzen in Deutschland. In der bekanntesten Gesetzessammlung, dem „Schönfelder", stehen allein ca. 100 Gesetze. Dieses Buch haben Sie sicher schon gesehen. Es handelt sich um einen knallroten ziegelsteingroßen Brocken. Dabei enthält der Schönfelder nur jene Gesetze, die für den zivilrechtlich und strafrechtlich arbeitenden Juristen (Rechtsanwalt, Student, Richter etc.) wirklich von Bedeutung sind; daneben steht noch der „Satorius", ein gleichgroßes Buch, nur für Verwaltungsgesetze. Weitere entsprechende Brocken gibt es für die Gesetze eines jeden Bundeslandes und als weitere Schönfelder für verschiedene nicht ganz so wichtige Nebengesetze. Dazu kommen dann noch die wohl zigtausend relativ unbedeutenden weiteren Spezialgesetze, wie etwa das Landesfischereigesetz des Landes Mecklenburg/Vorpommern (oft liebevoll „Lafiege" genannt), welches Sie sich nun wirklich nicht merken müssen. Nicht zu vergessen sind auch die unzähligen Verordnungen. Diese unterscheiden sich von Gesetzen dadurch, daß sie nicht vom Gesetzgeber stammen, sondern gem. Art. 80 Grundgesetz von Organen der vollziehenden Gewalt (Bundesregierung, Bundesminister, Landesregierung etc.) erlassen werden.

Das Auffinden der richtigen Gesetze war immer schon schwierig. Gerade jenes Nebengesetz, welches man dringend sucht, ist in der dann vorhandenen Gesetzessammlung nicht enthalten. Hier hilft ungemein das Internet. Über die Suchmaschinen läßt sich fast jedes Gesetz finden. Ggf. helfen auch die Spezialzusammenstellungen in aus Buchhandlungen oder der Büchereien.

Zurück zum Schönfelder. Ein Herr Heinrich Schönfeld hat diese Loseblattsammlung 1931 begründet. Zu diesem Zeitpunkt waren Loseblattsammlungen in. Sie haben den Vorteil, daß sie sich durch das Austauschen von Seiten aktualisieren lassen. Seit 1931 sitzen daher jedes Jahr zwei- bis dreimal alle Juristen, die etwas auf sich halten, daran, ca. 2 Stunden lang ihren Schönfelder mit den losen Nachlieferungsseiten nachzusortieren. Ob das bei günstigen Einstiegs- und teuren Nachlieferungspreisen insgesamt sinnvoll ist, sollten Sie für sich selbst überprüfen. Verschiedene Juristen kaufen sich einmal im Jahr eine Neuauflage und bauen sich damit eine Sammlung veralteter Gesetze auf. Dies hat den Vorteil, daß man bei zurückliegenden Rechtsfällen - wie es etwa der Prüfungsordnung entspricht - auf das damals aktuelle Recht schnell Zugriff hat und den Nachteil, daß die eigenen wichtigen und helfenden Anmerkungen für den aktuell genutzten Schönfelder verlorengehen.

Gesetze durchlaufen ein kompliziertes Gesetzgebungsverfahren. Es sei hier dargestellt für Bundesgesetze. Das Gesetzgebungsverfahren beginnt - wie alles - mit einer Idee. Diese Gesetzesidee heißt Gesetzesinitiative (Gesetzesvorlage). Sie kann von der Bundesregierung, vom Bundesrat, von einer Fraktion oder von 5% der Bundestagsmitglieder (auch kurz MdB) ausgehen (Art. 76 Abs. 1 GG).

Kommt die Gestzesvorlage von der Bundesregierung (wie fast alle) dann soll der Bundesrat normalerweise innerhalb von sechs Wochen Stellung nehmen (Art. 76 Abs. 2 GG). Kommt die Gesetzesvorlage vom Bundesrat, dann hat die Regierung die gleiche Zeitspanne zur Stellungnahme (Art. 76 Abs. 3 GG). Kommt die Initiative hingegen aus der Mitte des Bundestages (Fraktion oder 5% der Mitglieder), dann geht es ohne Stellungnahmefristen. Dieser Weg wird auch genommen, wenn es schnell gehen muß.

Nach der Gesetzesvorlage kommt die Gesetzesberatung und der Gesetzesbeschluß entsprechend der Geschäftsordung des Bundestags (kurz GO-BTag). Nach der Rundumverteilung der gedruckten Gesetzesvorlage folgt die Beratung des Bundestages in drei sog. Lesungen. In der ersten Lesung wird die Vorlage in der Regel ohne allgemeine Aussprache an den oder die entsprechenden Ausschüsse verwiesen.

In den Ausschüssen geht es dann wirklich zur Sache. Jeder Bundestags-
abgeordnete sitzt in einem oder mehreren Ausschüssen. Es gibt zig
Ausschüsse, etwa den Finanzausschuß, den Petitionsausschuß oder den
Umweltausschuß. Hier leisten die Abgeordneten den Hauptteil ihrer
politischen Arbeit. Hier wird in einem kleinen Zirkel konkret an den
Gesetzesvorlagen gefeilt. Diese Ausschußarbeit ist auch das Hauptargu-
ment der Abgeordneten dafür, daß sie so selten im Plenarsaal des Bundestags sitzen. Die Ausschüsse tagen nämlich oft zeitgleich mit den
Bundestagssitzungen. Dahin haben sie die Abgeordneten allerdings
selbst terminiert.

In der zweiten Lesung erfolgt die eigentliche Beratung. Ihre Grundlage
ist der Abschlußbericht, der mit der Vorlage befaßten Ausschüsse. Über
jede selbständige Bestimmung wird im Plenarsaal des Bundestags die
Aussprache eröffnet und geschlossen. Nach Schluß der Aussprache
wird über jede Einzelbestimmung abgestimmt. Damit die Abgeordneten
auch tatsächlich den Überblick behalten und nicht aus Versehen für
Vorlagen des politischen Gegners stimmen, wurde parteiintern die inof-
fizielle Funktion der Abstimmungsführer geschaffen. Die Abstimmungsführer achten darauf, daß auch im wenig gefüllten Plenum die
Mehrheitsverhältnisse stimmen und heben die Hand deutlich sichtbar,
so daß die Abgeordneten der eigenen Partei sich orientieren können.

Die dritte Lesung erfolgt in dem Fall, daß keine Änderungen beschlossen wurden, häufig direkt im Anschluß an die zweite Lesung; ansonsten frühestens am zweiten Tag nach der Rundumverteilung der
Drucksachen mit den beschlossenen Änderungen. Die dritte Lesung
beinhaltet die Schlußabstimmung über Annahme oder Ablehnung des
Gesetzes. Gesetze, die Änderungen des Grundgesetzes beinhalten,
benötigen eine 2/3 Mehrheit (Art. 79 Abs. 2 GG). Es müssen also praktisch alle großen Parteien zustimmen. Bei allen übrigen Gesetzen reicht
die einfache Mehrheit.

Jetzt könnte man denken, daß alles OK ist: Nur noch die Formalitäten
und die Sache ist durch - aber falsch! Der Bundesrat, die Kammer der
Ländervertreter, hat noch ein kleines oder gar ein großes Wörtchen mit-
zureden (Art. 77 GG). Es ist dabei zu unterscheiden, ob es sich um ein
Einspruchs- oder ein Zustimmungsgesetz handelt. Gesetze, die die
Interessenssphäre der Länder besonders stark berühren, sind Zustimmungsgesetze. Die Fälle sind in über 20 Artikeln des Grundgesetzes

abschließend aufgeführt (z.B. Art. 106 III-V und 120a GG). Die anderen sind Einspruchsgesetze.

Bei Einspruchsgesetzen gem. Art. 77 Abs. 3 GG hat die Bundesregierung es relativ einfach. Wenn der Bundesrat keinen Einspruch beschließt, steht dem Gesetz nichts mehr entgegen. Sollte der Bundesrat einen Einspruch beschließen, wird er vom Bundestag mit einfacher Mehrheit zurückgewiesen, und das Gesetz ist trotzdem zustande gekommen.

Bei Zustimmungsgesetzen gem. Art. 77 Abs. 2 GG ist die Sachlage schwieriger. Ohne Zustimmung des Bundesrats kann das Gesetz nicht wirksam werden. Ist die politische Mehrheitslage im Bundesrat gleich mit jener im Parlament, wird die Zustimmung in der Regel erteilt. Jahrelang ist dies dann kein Problem für die Regierung. Dies ändert sich jedoch sofort, wenn die Mehrheit im Bundesrat kippt (etwa durch einen anderen Wahlausgang in einem Bundesland). Jetzt hat die Opposition ein sehr wirksames Mittel zu Unterbindung von Gesetzen in der Hand. Damit es in solchen Fällen überhaupt noch zu einer Einigung kommt, besteht der Vermittlungsausschuß. Dieser wird dann angerufen, um eine Lösung in der Mitte zu finden, der der Bundesrat doch noch zustimmen kann.

Wenn das Gesetz inhaltlich „durch" ist (Art. 78 GG), bedarf es nach Art. 82 Abs. 1 S. 1 GG noch der Ausfertigung und Verkündung. Zunächst ist das Gesetz durch den Bundeskanzler und den für das Ressort (Bereich) zuständigen Minister zu unterzeichnen. Sodann wird das Gesetz vom Bundespräsidenten ausgefertigt. Dabei steht diesem eine letzte Prüfung zu, ob das Gesetz nicht evident (klar ersichtlich) gegen das Grundgesetz verstößt. Alsdann kommt die Verkündung im Bundesgesetzblatt. Jedes Gesetz soll den Tag seines Inkrafttretens bestimmen, fehlt dies, so tritt es 14 Tage nach Veröffentlichung in Kraft (Art. 82 Abs. 2 GG).

Bei der Behandlung der Gesetzesentwürfe besteht der Grundsatz der Diskontinuität (Nichtweiterführung). Mit dem Ablauf der Wahlperiode (des Wahlzeitraums) findet der Bundestag rechtlich sein Ende. Alle noch nicht erledigten Gesetzesvorlagen werden automatisch gegenstandslos und müssen ggf. im nächsten Bundestag erneut eingebracht werden.

## Übersicht 2:   Der Weg der Gesetzgebung des Bundes

Die Gesetzgebung erfolgt in vier Abschnitten:

**Gesetzesvorlage** (auch Gesetzesinitiative, Art. 76 Abs. 1 GG), möglich durch:
– Bundesregierung
– Bundesrat
– Aus der Mitte des Bundestags (Fraktion o. 5% der MdB)

**Gesetzesberatung und Beschluß** (drei Lesungen, gem. Geschäftsordnung des Bundestages), in der Regel wie folgt:
– erste Lesung: Sofortige Verweisung an die Ausschüsse
– zweite Lesung: Große Debatte und Abstimmung in der Sache
– dritte Lesung: Schlußabstimmung über Annahme oder Ablehnung

**Mitwirkung des Bundesrats** (Art. 77 GG)
– Einspruchsgesetze: Erklärung des Einspruchs oder nicht,
– ein Einspruch kann vom Parlament mit entsprechender Mehrheit zurückgewiesen werden (Art. 77 Abs. 3 GG).
– Zustimmungsgesetze (berühren die Interessenssphäre der Länder besonders stark): Ohne Zustimmung wird das Gesetz nicht wirksam, zur Vermittlung kann der Vermittlungsausschuß angerufen werden (Art. 77 Abs. 2 GG).

**Ausfertigung und Verkündung**
– Unterschriften von Bundeskanzler und Ressortminister
– Ausfertigung vom Bundespräsideten (Art. 82 Abs. 1 GG) mit letzter Prüfung auf Verfassungskonformität
– Verkündung im Bundesgesetzblatt (Art. 82 Abs. 1 GG)
– Inkrafttreten wie im Gesetz bestimmt oder 14 Tage nach Verkündung (Art. 82 Abs. 2 GG)

Es gilt der Grundsatz der Diskontinuität. Mit dem Ablauf der Wahlperiode werden alle noch nicht erledigten Gesetzesvorlagen automatisch gegenstandslos. Ggf. müssen sie erneut eingebracht werden.

## Übersicht 3:   Organe etc. der Gesetzgebung

### Ausschüsse

– Bei den Ausschüsse handelt es sich sozusagen um die Arbeitsgruppen des Parlaments. Fast jedes Mitglied des Bundestags sitzt in 2 bis 3 Ausschüssen. Fachausschüsse entsprechen den Ressorts (z.B. Haushaltsausschuss, Verteidigungsausschuss). Untersuchungsausschüsse werden für besondere Fragestellungen ins Leben gerufen. Besetzung und Verfahren werden insbesondere in der Geschäftsordnung des Bundestags geregelt.

### Bundeskanzler

– Der Bundeskanzler ist der politische Führer der Bundesregierung (Art. 62, 65 GG). Er wird auf Vorschlag des Bundespräsidenten vom Bundestag gewählt (Art. 63 GG). Der Bundeskanzler bestimmt die Richtlinien der Politik und trägt dafür die Verantwortung.

### Bundespräsident

– Der Bundespräsident ist das Staatsoberhaupt der Bundesrepublik Deutschland. Amtsdauer 5 Jahre. Die Wiederwahl ist nur einmal zulässig. Die Wahl erfolgt durch die Bundesversammlung (Mitglieder der Bundestags zusammen mit der gleichgroßen Anzahl von Mitgliedern der Ländervertretungen) (Art. 54, 55 GG).

### Bundesrat

– Der Bundesrat (Art. 50ff GG) ist wg. der weit reichenden Zustimmungspflicht das mächtigste Gesetzgebungsorgan nach dem Bundestag. Hier bestimmen allerdings die Bundesländer. Die Mitglieder werden nicht gewählt, sondern von den jeweiligen Landesregierungen aus deren Reihen gestellt (meist Ministerpräsident, Innenminister etc.). Jedes Bundesland stellt je nach Größe drei bis sechs Mitglieder.

### Bundesregierung

– Die Bundesregierung (Art. 62ff GG) ist das handelnde Organ (Exekutiv-Organ) der Bundesrepublik Deutschland. Sie besteht aus dem vom Bundestag gewählten Bundeskanzler und von den - von diesem vorgeschlagenen - Bundesministern.

## Bundestag

– Der Bundestag (Art. 38ff GG) ist als Volksvertretung das wichtigste Organ der Bundesrepublik Deutschland. Seine Mitglieder sind auf vier Jahre vom Volk nach einem gemischten Wahlrecht gewählt. Die sog. Erststimmen bestimmen die direkte Wahl von Kandidaten, die Zweitstimmen (Wahl einer Partei) entscheiden letztendlich über die Machtverhältnisse.

## Fraktion

– Eine Fraktion ist die Vereinigung von Mitgliedern einer oder mehrerer Parteien im Bundestag. Nach § 45 AbgG müssen es jedoch mindestens 5% der Mitglieder des Bundestags sein. Den Fraktionen stehen bestimmte Rechte (insbesondere Antragsrechte) und finanzielle Zuwendungen zu.

## Minister

– Die Bundesminister bilden zusammen mit dem Bundeskanzler die Bundesregierung. Sie werden auf Vorschlag des Bundeskanzlers vom Bundespräsidenten ernannt oder entlassen. Sie leiten einen Geschäftsbereich (Ressort) im Rahmen der vom Bundeskanzler vorgegebenen Richtlinien (Art. 65 GG). Der Haushalt wird etwa vom Bundesfinanzminister geführt. Die Außenpolitik regelt der Außenminister.

## Vermittlungsausschuss

– Der Vermittlungsausschuss (Art. 77 Abs. 2 GG) wird in Fällen unterschiedlicher Meinungen zwischen Bundestag und Bundesrat über eine Gesetzesvorlage (bei Zustimmungsgesetzen) tätig. Es ist sein Ziel eine Gesetzesfassung zu finden, der beide Körperschaften zustimmen können. Bundestag und Bundesrat entsenden dorthin jeweils 16 ihrer Mitglieder.

In den Bundesländern ist das Gesetzgebungverfahren ähnlich. Zu beachten ist allerdings, daß das Bundesrecht in seinem Zuständigkeitsbereich (Art. 70ff GG anlesen!) gem. Art. 31 GG jedes Landesrecht „schlägt". Prüfer stellen gern Aufgaben, in denen sich eine einfache Bundesverordnung und ein Gesetz des Landes gegenüberstehen. Achtung, die Bundesverordnung gilt!

### ■■■ Fall 5

Ein aktuell in der Diskussion stehendes Gesetz, kürzlich erlassen, interessiert Sie. Obgleich das Gesetz schon seit längerem bekannt ist, finden Sie einen übersichtlichen Gesetzestext weder im Internet noch in den einschlägigen Gesetzessammlungen. Natürlich ist auch kein entsprechender Kommentar erschienen. Wie kann das sein?

Bei den Gesetzen gibt es zwei Sorten Mäuse. Beide heißen Gesetz, eines genauer Artikelgesetz oder Mantelgesetz, das andere normal Gesetz. Es besteht ein entscheidender Unterschied im Aufbau. Ein normales Gesetz ist ein Gesetz, welches eine bisher ungeregelte Materie in ein neues Gesetz faßt. Das Handelsgesetzbuch, das GmbH-Gesetz oder das Urheberrechtsgesetz sind solche Gesetze. Diese kommen heute jedoch nur noch sehr selten vor.

In der Regel soll etwas erreicht werden, wozu die Abänderung mehrerer bestehender Gesetze notwendig ist. Um dies zu erreichen, werden sog. Artikelgesetze geschaffen. Jeder Artikel befaßt sich mit einer konkreten Änderung: In einem bestehenden Gesetz werden etwa zwei Paragraphen dazugefügt; in einem anderen Paragraph wird möglicherweise ein Halbsatz gestrichen. Ein Beispiel hierfür sind die sog. Jahressteuergesetze. Jedes Jahr wird ein bißchen an den verschiedenen Steuergesetzen gedreht. Manchmal wird in einem Artikel eines Artikelgesetzes auch ein neues „richtiges", eine Materie vollständig regelndes, Gesetz erlassen.

Damit können wir auch den FALL 5 lösen: Bei dem Gesetz, das nicht zu finden war, handelte es sich um ein Artikelgesetz. In eine Gesetzessammlung werden diese Gesetze nur indirekt durch die geänderten Gesetze aufgenommen. Kommentare werden entsprechend der neuen oder geänderten Paragraphen überarbeitet. So richtig sucht auch niemand nach Artikelgesetzen; wenn man sie jedoch wirklich braucht, hilft nur das Nachlesen im Bundesgesetzblatt, wo sie in vollem Umfang abgedruckt sind.

## 3. Lektion

### Gerichte und Rechtsprechung

#### Instanzenzug
 **Fall 6**

Sie haben sich nun schon ein wenig mit Recht befaßt. Kaum wird dies in der Verwandtschaft bekannt, schon wendet sich ein Verwandter mit einem rechtlichen Problem an Sie. Er hat sein Auto verkauft und bekommt sein Geld nicht (5.500,- EUR). Einen wütenden Schriftsatz als Klage hat er schon geschrieben. Sie sollen jetzt nur noch sagen, an welches Gericht dieser zu senden sei.

Grundsätzlich besteht eine große Auswahl an Gerichten. Es gibt z.B. Arbeitsgerichte, Verwaltungsgerichte, Sozialgerichte, Amtsgerichte, Oberlandesgerichte, den Bundesgerichtshof oder auch das Moselschifffahrtsgericht. Ziel dieser Lektion ist es, Ihnen etwas Klarheit in der Struktur des Gerichtswesens zu vermitteln. Bei staatlichen Gerichte wird neben den über allem schwebenden Verfassungsgerichten des Bundes und der Länder nach fünf Sachgebieten unterschieden:

– ordentliche Gerichte
– Verwaltungsgerichte
– Finanzgerichte
– Arbeitsgerichte
– Sozialgerichte

Die Aufgaben der einzelnen Gerichte sind in der Regel schon aus der Namensgebung abzuleiten. Vor dem Arbeitsgericht werden Rechtsstreitigkeiten auf Grund von Arbeitsverhältnissen (meist wegen Kündigungen) verhandelt. Vor den Finanzgerichten geht es um die Steuergerechtigkeit, vor den Verwaltungsgerichten über die Richtigkeit von Verwaltungsentscheidungen und vor den Sozialgerichten um soziale Rechtsfragen, wie die Höhe der Sozialhilfe oder der Grad der Behinderung von Personen.

In der sog. ordentlichen Gerichtsbarkeit findet sich die Mehrzahl aller Gerichte eingeordnet. Der Begriff stammt aus den §§ 12, 13 Gerichtsverfassungsgesetz, die die Funktion der ordentlichen Gerichtsbarkeit und der ordentlichen Gerichte regeln. Wahrscheinlich haben die Namensgeber einen Begriff zur Abgrenzung gegenüber den spezialisierten Gerichten gesucht, deren Vertreter wehren sich jedoch sehr gegen die eigentlich logische Bezeichnung „unordentliche Gerichte".

Zu den ordentlichen Gerichten gehören neben völlig unbedeutenden Spezialgerichten (z.B. Moselschifffahrtsgericht) alle Amtsgerichte (Kurzbezeichnung: AG Ort, z.B. AG Hameln), alle Landgerichte (LG Ort), alle Oberlandesgerichte (OLG Ort) und der Bundesgerichtshof (BGH). Warum braucht es eigentlich so viele verschiedene Gerichte, werden Sie fragen. Reichen die Amtsgerichte nicht aus? Nein, es wird ein sog. Instanzenzug benötigt. Das Rechtssystem basiert darauf, daß gegen eine gerichtliche Entscheidung im Wege des Rechtsmittels ein höheres Gericht angerufen werden kann.

Der Instanzenzug ist eines der Fundamente der sog. Rechtssicherheit. Er sichert unter anderem die Voraussehbarkeit des Rechts. Dadurch, daß im Grundsatz gesichert ist, daß Prozesse durch die Instanzen zum obersten Gericht gebracht werden können, können abweichende Richterentscheidungen unterer Gerichte korrigiert werden. Um es aus der Sicht einer Partei zu sagen: Der BGH hat in einer anderen Sache schon zu meinen Gunsten entschieden, also bekomme ich mein Recht, wenn nicht vor dem LG oder dem OLG, dann bestimmt vor dem BGH. Da dies die Vorinstanzen wissen, werden sie nur mit sehr guten Gründen gegen eine bestehende BGH Entscheidung urteilen.

Der Instanzenzug ist in vielen Gesetzen (Zivilprozeßordnung, Strafprozeßordnung, Gerichtsverfassungsgesetz etc.) festgeschrieben. Er ist jedoch nicht in der Verfassung verankert. Gem. Art. 19 Abs. 4 S. 1, 101, 103 GG genügt es, wenn in einem Streitfall einmal ein unabhängiges Gericht im vollen Umfang zur Nachprüfung angerufen werden kann. Er kann daher vom Gesetzgeber mit einfachen Mitteln ganz, oder nur für Teilbereiche, aufgehoben werden.

Der Instanzenzug bestimmt den Aufbau der Gerichtsbarkeiten. Pyramidenartig stehen über vielen erstinstanzlichen Gerichten die Instanzgerichte und über diesen wiederum deren Instanzgerichte. Da erfahrungsgemäß immer nur in einer geringen Zahl von Fällen in die Rechtsmittelinstanz gegangen wird, werden eine entsprechend geringere Zahl von Instanzgerichten benötigt. Als Beispiel soll hier das AG Hameln herhalten. Der Instanzenzug sieht dort wie folgt aus:

AG Hameln $\longrightarrow$ LG Hannover $\longrightarrow$ OLG Celle $\longrightarrow$ BGH

Dabei ist der BGH insgesamt für alle Oberlandesgerichte Deutschlands, das OLG Celle für alle Landgerichte in seinem Bezirk und das Landgericht Hannover entsprechend für die Amtsgerichte im Landgerichtsbezirk zuständig.

## Leitsatz 5

**Instanzenzug**

Der Instanzenzug (Rechtsmittelzug) bezeichnet die Möglichkeit und deren organisatorische Ausformung gegen eine gerichtliche Entscheidung im Wege des Rechtsmittels ein höheres Gericht anzurufen. In einem pyramidenartigen Aufbau stehen über den erstinstanzlichen Gerichten deren Instanzgerichte und darüber wiederum deren Instanzgericht(e).

Soweit die theoretische Abhandlung zum Instanzenzug, nun geht es zum speziellen System der Instanzen (Rechtsmittel). Nur so können Sie den eingangs gestellten FALL 6 lösen!

Im Speziellen ist es sehr kompliziert. Es ist sozusagen eine kleine Kunst bei einer gerichtlichen Entscheidung festzustellen, ob es eine Rechtsmittelmöglichkeit gibt, welches Rechtsmittel ggf. das richtige ist und wo es dann eingelegt werden muß.

In „Jura *leicht gemacht*®" können auf Grund des Umfangs nicht alle Feinheiten diskutiert werden. Es wäre auch fürchterlich langweilig. Im Falle der Betroffenheit läßt sich das richtige Rechtsmittel jedoch meist aus den häufig von den Gerichten beigefügten sog. Rechtsmittelbelehrungen ersehen. Auch ist ein, wie auch immer benanntes, schnelles Schreiben gegen das Urteil nie falsch. Es wird vom Empfangsgericht ggf. umgedeutet und möglichst innerhalb der Rechtsmittelfrist an die richtige Stelle weitergeleitet. Die Gerichte helfen auch telefonisch weiter.

Ausführlich dargestellt werden soll hier der Instanzenzug der ordentlichen Gerichtsbarkeit im Zivilrecht. Es ist der wohl komplizierteste.

Das Eingangsgericht bei Streitigkeiten unter 5000,- EUR ist das jeweilige Amtsgericht (§ 23 Nr. 1 GVG). Zudem gibt es besondere Zuweisungen, etwa im Mietrecht (§ 23 Nr. 2a GVG, lesen!). Bei einem Streitwert unter 600,- EUR ist gegen ein Urteil keine Berufung möglich. Über dem Amtsrichter ist hier - so heißt es - nur noch der blaue Himmel. Allerdings kann er wg. grundsätzlicher Bedeutung oder zur Fortbildung des Rechts die Berufung zulassen (§ 511 ZPO lesen!). Bei einem Streitwert über 600,- EUR ist als Rechtsmittel die Berufung an das Landgericht möglich. Aber Achtung, sie ist beim zuständigen Landgericht einzulegen! Wer am letzten Tag der Berufungsfrist die Berufung fälschlicherweise beim Amtsgericht einlegt, der kann sich - so heißt es weiter - nur die Kugel geben. Dies passiert leicht jungen Rechtsanwälten mit jungen RENO-Gehilf(inn)en. Hoffentlich taugt dessen Anwaltshaftpflichtversicherung etwas!

Bei Familien- und Kindschaftssachen (beim sog. Familiengericht) ist die Berufung gegen Urteile vom Amtsgericht beim Oberlandesgericht einzulegen (§ 119 Abs. 1 Nr. 1 GVG). Dies hat historische Gründe. Zuvor waren die Familiensachen beim Landgericht angesiedelt. Nach der Umsiedelung zum Amtsgericht (vor Jahren) sollten die Berufungsrichter in Familiensachen beim OLG nicht arbeitslos werden.

Die zweite Instanz, die sog. Revision, besteht gegen die Urteile des Amtsgerichts, nachdem das Landgericht in zweiter Instanz entschieden hat, nur bei Zulassung. Die Revision muß also im Urteil ausdrücklich zugelassen worden sein. Wenn nicht, so hilft ab dem Jahr 2012 ggf. eine Nichtzulassungsbeschwerde (§ 543 ZPO, § 26 Nr. 8 EGZPO). Nur in den wenigen Sonderzuständigkeiten (z.B. Mietrecht), in denen Streitwerte über 20.000,- EUR beim Amtgericht verhandelt werden, kann schon jetzt Nichtzulassungsbeschwerde eingelegt werden.

Soweit zum Amtsgericht. Können Sie nun den Fall 6 lösen? Nur einen Teil. Da Ihr Verwandter 5.500,- EUR einklagen möchte, kann das Amtsgericht nicht zuständig sein. Es ist ja nur bei Rechtsstreitigkeiten bis 5.000,- EUR zuständig. Aber halt, es gibt noch das Mahnverfahren!

Exkurs Mahnverfahren: Nachdem die schöne Gerichtsstruktur mit all den Instanzenzügen aufgebaut worden war, mußte man feststellen, daß viele Schuldner gar nicht richtig streiten wollten, sondern nur einen Grund hatten nicht zu zahlen: Kein Geld. Diese kamen dann z.B. einfach nicht zum Verhandlungstermin. Die umfangreiche Darstellung des Klägers, die lange Einarbeitung des Richters und die vorgesehene Sitzungszeit waren vertan.

Für diese Fälle wurde das Mahnverfahren erdacht (§§ 688ff ZPO). Hierfür ist immer das Amtsgericht zuständig (§ 689 ZPO)! Jeder kann sich ein spezielles Formular kaufen und dies ausgefüllt an das zuständige Amtsgericht (häufig zentrale sogenannte Mahngerichte) schicken. Profis wie Rechtsanwälte erledigen dies mit moderner Datentechnik. Nach Zahlung einer kleinen Gebühr stellt das Amtsgericht dem Schuldner einen sogenannten Mahnbescheid (MB) zu. Zahlt dieser, dann ist das Verfahren mit dem gewünschten Erfolg beendet. Zahlt dieser nicht und - Möglichkeit 1 - macht auch nichts, dann kann der Gläubiger einen zweiten Antrag, diesmal auf Erlaß eines Vollstreckungsbescheides (VB), stellen. Wehrt sich der Schuldner auch hiergegen nicht, so erhält der Gläubiger den VB und kann den Gerichtsvollzieher losjagen. Na viel Erfolg! Zahlt der Schuldner nicht und - Möglichkeit 2 - wehrt sich schriftlich (Widerspruch), kann der Gläubiger normal weiterklagen. Gegen den VB kann sich der Schuldner durch einen Einspruch wehren. Ausführliches und hierzu in der Übersicht 3.

## Leitsatz 6

**!**

### Mahnverfahren

Das Mahnverfahren kann nach Wahl des Gläubigers häufig einer Klage vorgeschaltet werden (§§ 688ff ZPO). Es ist ein sehr formalisiertes Verfahren vor den entsprechend zuständigen Amtsgerichten (Mahngerichten). Das Mahnverfahren führt - wenn sich der Schuldner nicht wehrt - schnell zu einem kostengünstigen vollstreckungsfähigen Titel, dem Vollstreckungsbescheid (VB).

Ihr Verwandter aus FALL 6 könnte also mit einem Mahnbescheid den Streit über die Bezahlung seines Kfz beginnen. Will er nicht? Na, dann lesen Sie mal weiter.

Zurück zum zivilrechtlichen Instanzenzug. Übersicht verloren? Dann blättern Sie doch vor zur Übersicht 4 und vergleichen. Das zweite Eingangsgericht für Zivilsachen ist das Landgericht. Das Landgericht ist für Zivilsachen mit einem Streitwert über 5.000,- EUR und für Zugewiesenes (z.B. Amtshaftungssachen, § 71 GVG) zuständig. Allein diese Aufteilung wäre aber zu einfach. Es ist bei Klageeinreichung noch zu unterscheiden, ob die Zivilkammer oder die Kammer für Handelssachen zuständig ist. Die Kammer für Handelssachen (nicht verwechseln mit

## Übersicht 3:    Mahnverfahren

### 5 Schritte zur Pfändung

1. Beginn durch Antrag des Gläubigers (§ 689 ZPO)

2. Erlaß des Mahnbescheids (MB) durch das Gericht (bei ordnungsgemäßem Antrag)

   → Widerspruch des Schuldners führt zur Beendigung des
   Mahnverfahrens, der Gläubiger kann ins streitige
   Verfahren wechseln. Der Antrag wird meist schon mit
   dem MB-Antrag gestellt, so daß der Vorgang automatisch
   an das als zuständig angegebenen Gericht weitergeleitet
   wird. Der Gläubiger hat hier eine Antragsschrift (wie
   Klage) zu fertigen (§ 696 I ZPO).

   → kein Widerspruch

3. Antrag des Gläubigers auf Erlaß des Vollstreckungsbescheides (VB)
   nach einer Mindestwartefrist von 2 Wochen (§ 699 I ZPO) (wenn vom
   Schuldner nicht zwischenzeitlich gezahlt wurde) (Formular)

4. Erlaß des VB vom Gericht (§ 699 I ZPO) (bei ordnungsgemäßem
   Antrag)

   → Einspruch des Schuldners (Frist 2 Wochen) führt zur
   Abgabe an das entsprechende Gericht zur Behandlung
   als Klage (§ 700 ZPO)

   → kein Einspruch

5. Der Gläubiger erhält vom Gericht eine vollstreckbare Ausfertigung
   vom VB und schickt auf Wunsch den Gerichtsvollzieher zur
   Pfändung los.

der Institution Industrie- und Handelskammer) ist für Streitigkeiten zwischen Kaufleuten (vgl. §§ 1ff HGB) u.a. zuständig (§§ 94ff GVG, lesen!). Hier sitzen mit den vorsitzenden Richter zwei Kaufleute als ehrenamtliche Richter. Die normale Zivilkammer ist für die restlichen Fälle zuständig. U.a. weil dies schon so schwierig ist, dürfen beim Landgericht nur Rechtsanwälte auftreten (§ 78 ZPO).

Die Lösung zum FALL 6 naht! Ihr Verwandter muß seine Klage also beim Landgericht einlegen, da er ja 5.500,- EUR begehrt. Aber nicht so schnell. Beim Landgericht herrscht ja Anwaltszwang. Der wütende Schriftsatz taugt nur als Informationsmaterial für den Rechtsanwalt seiner Wahl. Oder überzeugen Sie ihn doch vom einfachen und kostengünstigen Mahnverfahren!

Wie geht es weiter nach einem Urteil vom Landgericht? Gefällt es nicht bzw. finden sich Angriffspunkte, kann man Berufung beim Oberlandesgericht einlegen. Die Begriffe Berufung und Revision wurden bisher zur besseren Übersicht ohne Erklärung benutzt. Hier nun die Erläuterung: Das Rechtsmittel Berufung führt zur Überprüfung des Urteils in zwei Richtungen. Es wird geprüft, ob das erste Gericht den Tatbestand, also was geschehen ist, in einem gewissen Rahmen richtig festgestellt hat, und ob das erste Gericht das Recht richtig angewendet hat. Es wird also grundsätzlich nochmals neu geprüft. Bei der Revision wird vom nächsten Gericht nur eines, nämlich die ordnungsgemäße Rechtsanwendung, geprüft. Bei der Sachverhaltsfeststellung verläßt es sich auf das, was das vorherige Gericht festgestellt hat. Bei offenen Fragen im Sachverhalt kann das Revisionsgericht dann an die Vorinstanz zurückverweisen.

## Leitsatz 7

**!**

### Berufung und Revision in Zivilsachen

Berufung (§§ 551ff ZPO) und Revision (§§ 542ff ZPO) sind Rechtsmittel gegen Urteile. Bei der Berufung wird das Urteil der Vorinstanz daraufhin geprüft, ob dies aus tatsächlichen und rechtlichen Feststellungen richtig ist. Die Revision, die in der Regel als zweites Rechtsmittel nach der Berufung in Betracht kommt, führt nur zur Überprüfung der Richtigkeit der Rechtsanwendung.

Was machen Sie dann, nach einem nichtgenehmen Urteil eines Oberlandesgerichts? Grundsätzlich wäre der nächste Schritt die Revision beim Bundesgerichtshof (§ 133 GVG), um dort die hohen Richter in den roten Roben mit dem Fall zu beschäftigen. Sehen Sie hier, wie auch beim Amtsgerichtsurteil, im Tenor nach: Wurde die Revision zugelassen? Wenn ja, dann ab zum BGH. Wenn nein, dann wird die Nichtzulassungsbeschwerde beim chronisch überlasteten BGH eingelegt (bis 2012 nur ab STW 20.000,- EUR). Lesen Sie dazu die Paragraphen 542ff ZPO und 26 Nr. 8 Einführungsgesetz zur ZPO. Zuzulassen ist die Revision, wenn die Rechtssache grundsätzliche Bedeutung hat oder die Fortbildung des Rechts bzw. die Sicherung der einheitlichen Rechtsprechung einer Entscheidung des BGH bedürfen. Eine Prognose zu jedem Einzelfall: Der überlastete BGH findet eine Lösung, aus welchem Grund eine Revision nicht zuzulassen ist.

Auf eine Besonderheit soll noch hingewiesen werden: Wenn Sie und Ihr Gegner gemeinsam ganz schnell eine Entscheidung zur Rechtsanwendung vom BGH haben wollen, können sie u.U. gemeinsam das Oberlandesgericht auslassen und mit der Sprungrevision direkt vom Landgericht an den Bundesgerichtshof gehen (§ 566 ZPO).

Wenn der Bundesgerichtshof über die Revision entschieden hat, ist *eigentlich* alles vorbei. Eine Rechtsmittelmöglichkeit gibt es nicht. Eigentlich? Ja, es existieren noch das Bundesverfassungsgericht und der Europäische Gerichtshof.

Über allen endgültigen Entscheidungen - sei es vom Amtsgericht, sei es vom BGH - schwebt sozusagen das Bundesverfassungsgericht mit der großen Frage: Verfassungskonform oder nicht? Wenn also die Verfassungskonformität (und nur diese) eines Urteils in Frage steht, kann das Bundesverfassungsgericht damit befaßt werden. Wenn Sie nach allem noch einen Verstoß gegen zwingendes europäisches Recht wittern, dann können Sie noch den Europäischen Gerichtshof (EuGH) in Luxemburg oder bei Menschenrechtsfragen den Europäischen Gerichtshof für Menschenrechte in Straßburg angehen.

## Übersicht 4:   Instanzenzug in Zivilsachen

Vorinstanz auf Wunsch:
**Mahnverfahren beim Amtsgericht ( §§ 688ff ZPO)**

**Amtsgericht (AG)**
– bis 5000,- EUR Streitwert (STW) (§ 23 Nr. 1 GVG) und weitere direkte
  Zuweisungen insb. Mietstreitigkeiten (§ 23 Nr. 2 GVG)

**Berufungsinstanz**
– bis  600,- EUR (STW)  ⟶  Landgericht bei Zulassung
                             (§ 511 ZPO)

– über 600,- EUR (STW)  ⟶  Landgericht (LG)
– Familien- und         ⟶  Oberlandesgericht (OLG)
  Kindschaftssachen         (§ 119 GVG)

**Revisionsinstanz**
– BGH bei Zulassung bzw. Nichtzulassungsbeschwerde
  (bis 2012 erst ab 20.000,- EUR STW (§§ 543 ZPO, 26 Nr. 8 EGZPO,
  also nur Sonderzuständigkeiten)

**Landgericht (LG)**
(über 5000,- EUR Streitwert u. zugewiesenes, § 71 Abs. 1 GVG)
Zivilkammer oder Kammer für Handelssachen (KfH) (§§ 93ff GVG)

Berufung       ⟶  Oberlandesgericht (OLG) (§ 119 GVG)
Sprungrevision ⟶  Bundesgerichtshof (BGH) (§ 566 ZPO)

**Oberlandesgericht (OLG)**
Revision (§§ 546ff ZPO) ⟶  Bundesgerichtshof (BGH)
bei Zulassung
oder Nichtzulassungsbeschwerde
(bis 2012 ab 20.000,- EUR STW, § 26 Nr. 8 EGZPO)

**Bundesgerichtshof (BGH)**
keine Rechtsmittelmöglichkeit

▶

**Bundesverfassungsgericht**
Prüfung nur der Verfassungsgemäßheit aller Entscheidungen
(AG, LG, OLG, BGH, etc) nach Ausschöpfung des Rechtswegs
(Art. 93 GG, § 12 BverfGG)

**Europäischer Gerichtshof und Europäischer
Gerichtshof für Menschenrechte**
Nur Prüfung der Einhaltung Europäischer Rechtsnormen

In Berlin heißt das Oberlandesgericht Kammergericht. In Bayern tritt anstelle eines Teils der Zuständigkeiten des Oberlandesgerichts sowie des BGH das Bayrische Oberste Landesgericht.

Ein Wort zu Bayern und Berlin. Dort ist es ein wenig anders. In Berlin heißt das Oberlandesgericht Kammergericht. In Bayern tritt an die Stelle eines Teils der Zuständigkeiten des Oberlandesgerichts und des Bundesgerichtshofs das Bayerische Oberste Landesgericht (§§ 8-10 EGGVG).

Der Instanzenzug in Strafsachen ist schon erheblich einfacher und sieht wie folgt aus:

## Übersicht 5: Instanzenzug in Strafsachen

| | Berufung | Revision |
|---|---|---|
| Amtsgericht | → Landgericht | → Oberlandesgericht |
| Landgericht | | → Bundesgerichtshof |
| Oberlandesgericht | | → Bundesgerichtshof |

Ob als Eingangsgericht das AG, LG oder OLG zuständig ist, richtet sich nach der Art der vorgeworfenen Tat. Auffällig ist, daß die Revisionen vom Landgericht direkt zum BGH gehen, und daß eine Berufungsinstanz nur bei amtsgerichtlichen Entscheidungen existiert. Auch hier ist die Sprungrevison (AG => OLG) möglich (§ 335 StPO).

Die weiteren Rechtszüge verstehen sich aus der Übersicht 6 von selbst. Die Finanzgerichtsgerichtsbarkeit ist nur zweistufig (§ 566 ZPO).

**Übersicht 6:   Instanzenzüge der Arbeits-, Verwaltungs-, Sozial- und Finanzgerichtsbarkeit**

|  | Berufungsinstanz | Revisioninstanz |
|---|---|---|
| Arbeitsgericht | ⟶ Landes-arbeitsgericht | ⟶ Bundesarbeits-gericht |
| Verwaltungsg. | ⟶ Oberverwaltungsg. | ⟶ Bundesverwaltungsg. |
| Sozialgericht | ⟶ Landessozialgericht | ⟶ Bundessozialgericht |
| Finanzgericht |  | ⟶ Bundesfinanzhof |

## Besetzung der Gerichte
### Fall 7
Nicht nur Verwandte, sondern auch Bekannte z.B. in Vereinen, bekommen schnell spitz, daß man in einer juristischen Ausbildung ist. Sie kommen nichtsahnend in Ihren Tennisverein und treffen Vereinskamerad A. A erklärt, sein Sohn werde beschuldigt, (aber keinem weiter sagen) im Streit unglücklich einen Freund verletzt zu haben, der dann verstorben sei. Sein Sohn sei zum Landgericht - Schwurgerichtskammer - geladen worden. Wieviele Richter und wieviele Geschworene dort sitzen, will er wissen. Sie sind erst einmal froh, daß er nicht mehr von Ihnen will und überlegen dann, was Sie antworten sollen.

Die Besetzung der Gerichte mit Richtern ist ein sehr differenziertes und daher einschläferndes Thema. Deshalb nur ein Überblick über das Wichtigste.

Fast jedes Gericht ist praktisch anders besetzt. Die bunte Vielfalt hat insbesondere ihre Bewandtnis darin, daß neben den Richtern auch

Personen ohne juristische Ausbildung sog. Laienrichter den Gerichten angehören. Im Strafrecht werden die Berufsrichter durch Schöffen, in der Kammer für Handelssachen durch Handelsrichter ergänzt. Ansonsten sitzen zum Teil ehrenamtliche Richter mit. Diese haben in machen Fällen sogar die Stimmenmehrheit. Verkompliziert wurde die Besetzung auch durch die Einführung des Einzelrichters beim LG und OLG (§§ 348, 348a,526, 527 ZPO) und anderswo. Die Funktion des Einzelrichters wurde zur Entlastung von Senaten oder Kammern erdacht. Wo vor Jahren noch drei Richter mit der Entscheidung rangen, entscheidet heute ein Einzelrichter allein.

Die detaillierte Besetzung im Zivil- und Strafrecht entnehmen Sie bitte aus der Übersicht 7.

Zurück zu FALL 7: Ihren Vereinsfreund können Sie nun erst einmal beruhigen. Geschworene gibt es in der Bundesrepublik Deutschland nicht. In den USA wird geglaubt, daß nur 12 erwachsene Menschen eine gerechtes Urteil fällen könnten. Dementsprechend seltsam fallen oft die Entscheidungen auch aus. Ihr Freund hat wohl zu viele US-Schinken im TV gesehen. Alle Tötungsdelikte, bei denen Vorsatz irgendwo dabei ist, werden beim Landgericht und dort vor der Schwurgerichtskammer verhandelt. Dort wird - wie aus der Übersicht 7 unschwer zu entnehmen - in einer Besetzung aus drei Berufsrichtern und zwei Schöffen verhandelt (§ 76 GVG).

Allerdings lag Ihr Freund mit der Idee nicht ganz falsch. Der Ausdruck Schwurgericht kommt von „Geschworener". Noch bis 1924 saßen 3 Berufsrichter mit 12 Geschworenen zu Gericht, wobei über die Schuldfrage allein die Geschworenen entschieden. Heute ist die Schwurgerichtskammer eine normale große Strafkammer die nur noch den Namen trägt.

In der Verwaltungs-, Arbeits-, Sozial, und Finanzgerichtsgerichtsbarkeit sind die Gerichte ähnlich gestaffelt besetzt. Allerdings sind hier ehrenamtliche Richter stärker vertreten und z.T. sogar auch auf Bundesebenen dabei.

Im Bundesverfassungsgericht sitzen in den Kammern (Prüfung der Zulässigkeit) drei Richter (1 Vorsitzender + 2 Beisitzer) und in den Senaten ein Vorsitzender und sieben weitere Richter.

## Übersicht 7: Besetzungen der Gerichte in Zivil- und Strafsachen

### Zivilrecht

| | |
|---|---|
| Amtsgericht | → 1 Richter |
| Landgericht | |
| - Zivilkammer | → Kammer: 1 Vors. + 2 Beis. |
| o. Einzelrichter | |
| - Kammer f. Handelssachen | → Kammer: 1 Vors. + 2 Hand. |
| | o. Einzelrichter (nur Vors.) |
| Oberlandesgericht | → Senat: 1 Vors. + 2 Beis. |
| | o. Einzelrichter |
| Bundesgerichtshof | → Senat: 1 Vors. + 4 Beis. |

### Strafrecht

| | |
|---|---|
| Amtsgericht | |
| - Strafrichter | → 1 Richter |
| - Schöffengericht | → 1 Vors. + 2 Schöff. |
| - erw. Schöffengericht | → 1 Vors. + 1 Beis. + 2 Schöff. |
| Landgericht | |
| - kleine Strafkammer | → 1 Vors. + 2 Schöff. |
| - große Strafkammer | → 1 Vors. + 1 Beis. + 2 Schöff. |
| - große Strafkammer | |
| o. Schwurgericht | → 1 Vors. + 2 Beis. + 2 Schöff. |
| Oberlandesgericht | |
| - Revisionsinstanz | → 1 Vors. + 2 Beis. |
| - 1. Instanz | → 1 Vors. + 4 Beis. |

Vors. = vorsitzender Richter, Beis. = beisitzender Richter, ehr. R. = ehrenamtlicher Richter, Hand. = Handelsrichter (ehrenamtlich)

## Der gesetzliche Richter

### ▉▉ Fall 8

In der Zeitung liest man ja hin und wieder von strengen oder nicht so strengen Richtern. Kaum haben Sie im Tennisverein das erste Match gewonnen und stehen im Klubhaus beim verdienten Siegerbier, schon pirscht sich ein weiterer Vereinsfreund an Sie heran. Er sei mit soundso viel Alkohol im Blut geschnappt worden. Er habe von Richter R in der Lokalzeitung gelesen, der in solchen Fällen gleichwohl den Führerschein nicht wegnähme. Was müsse man tun, um zu diesem Richter zu kommen, fragt er Sie. Von dem Problem sind Sie ein wenig überrascht, erinnern sich jedoch noch an Art. 101 Abs. 1 GG und den Satz „Niemand darf seinem gesetzlichen Richter entzogen werden" und an das Buch „Jura *leicht gemacht®*".

Der gesetzliche Richter gem. Art. 101 Abs. 1 GG ist eine der Säulen der Unabhängigkeit der Rechtspflege. Bevor jemand zu Gericht kommt, sei es durch Einreichung einer Klage, sei es durch Anklage der Staatsanwaltschaft, muß feststehen, welcher Richter über den Fall entscheiden wird. Es ist also so, daß keinerlei Manipulation dahingehend möglich ist, einen bestimmten Richter zu bekommen. Organisatorisch wird dies bei den Gerichten durch die Aufstellung eines Geschäftsverteilungsplans geregelt. In diesem ist vorher festgelegt, welcher Richter z.B. für welche Anfangs- Buchstaben oder für welche nach Eingang vergebenen Aktenzeichen zuständig ist.

Auf diesem Weg schützt sich die Justiz vor unbefugten Eingriffen in die Rechtspflege, insbesondere vor einem fallbezogenen Richteraustausch. Niemand, insbesondere keine am Fall interessierte politische oder wirtschaftliche Institution, kann so den Richter für ein Verfahren bestimmen. Dies ist sehr wichtig. Dies zeigt z.B. ein vergleichender Blick ins Ausland: In Italien z.B. fehlt eine solche Korrektur, und es gibt große Justizskandale, wenn es wieder so gedreht wird, daß für besondere Personen, etwa aus der Regierung, besondere Richter bereitstehen.

Das Gebot des gesetzlichen Richters gilt für alle Bereiche des Rechtswesens. Es muß zuvor feststehen, welches Gericht als organisatorische Einheit (z.B. Amtsgericht Hameln), welcher Spruchkörper (z.B. Schöffengericht) und welcher Richter (z.B. Richter B. als Vors. mit den Schöffen F. und X.) entscheidet. Dabei kommen natürlich Änderungen vor: Richter werden befördert oder Schöffen ziehen weg. In solchen Fällen sieht der Geschäftsverteilungsplan jedoch konkreten Ersatz vor, oder er wird vom Richterpräsidium ohne Ansehen einzelner Fälle bestimmt.

## Leitsatz 8

### Gebot des gesetzlichen Richters

Das Gebot des gesetzlichen Richters gem. Art. 101 Abs. 1 GG bestimmt, daß jeder Fall vor Gericht von einem im Voraus bestimmten Gericht, einem im Voraus bestimmten Spruchkörper und einem im Voraus bestimmten Richter entschieden wird. Hierdurch wird sichergestellt, daß keine Einwirkungen der Richterauswahl von außerhalb, etwa von einer der Parteien, möglich ist. Der gesetzliche Richter wird innerhalb des Gerichts durch einen sog. Geschäftsverteilungsplan im voraus festgelegt z.B. anhand des ersten Namensbuchstabens.

Zurück zu FALL 8: Sie müssen also Ihren Vereinsfreund enttäuschen. Eine Richterauswahl ist nicht möglich. Sie können ihm jedoch die Daumen für den Erhalt des Wunschrichters drücken und durch dieses Versprechen geschickt zurück zu Ihrem Gespräch mit dem Tennispartner kommen.

## Rechtsprechung

Die Rechtsprechung bezeichnet die Rechtsmeinungen, die sich aus der Vielzahl der Gerichtsurteile ergeben. Man sagt im Speziellen z.B. die herrschende Rechtsprechung ist der Ansicht, daß diese Rechtsvorschrift so oder so anzuwenden ist. Durch viele Urteile, die ein Rechtsproblem gleich beurteilen, entwickelt sich eine solche herrschende Rechtsprechung. Neben der herrschenden Rechtsprechung (kurz h.R.) gibt es auch noch die h.L.. Dies ist die herrschende Lehre und bezeichnet die vorherrschende Meinung in den Literaturveröffentlichungen. Beides zusammen ist dann die h.M., die herrschende Meinung. Diese Ausdrücke und Abkürzungen findet man häufig in juristischen Ausführungen, wenn es um gegensätzliche Meinungen geht.

Vorab ist die Frage zu klären, was es bedeutet, wenn ein Gericht in einer bestimmten Frage ein Urteil gesprochen hat. Dieses Urteil hat nur und ausschließlich zwingende Wirkung zwischen den Parteien des Rechtsstreits bzw. für den speziellen Angeklagten. Kein Dritter kann aus dem Urteil Rechte herleiten. Es hat nur Innenwirkung und keine Außenwirkung. Ein solches Urteil zeigt jedoch eine Tendenz auf. Es ist zu vermuten, daß das Gericht im nächsten gleichen Fall ebenso entscheidet. Wenn dieses Gericht nun der Bundesgerichtshof ist und dieser nicht nur einmal, sondern drei- oder fünfmal gleich entschieden hat, und die darunter stehenden Gerichte auch so entschieden haben, dann hat sich durch diese vielen Urteile eine feste (oder herrschende) Rechtsprechung gebildet.

Alle Juristen wollen über die Fortentwicklung der Rechtsprechung (zumindest in ihrem Spezialgebiet) informiert sein. Daher veröffentlichen alle Rechtszeitschriften Monat für Monat oder Woche für Woche neue Urteile aus den vielen Gerichten (meist von den obersten Gerichten), die von den Beteiligten oder anderen an die Redaktion gesandt werden.

Die Zeitschriften werden gesammelt und gebunden, es werden Jahres- und 5 Jahres-Register herausgegeben, und so werden aus den Zeitschriften u.a. Urteilssammlungen. Auch die höheren Gerichte geben eigene Urteilssammlungen heraus. So gibt es z.B. vom Bundesgerichtshof eine Zivilurteilssammlung (BGHZ) und eine Strafurteilssammlung (BGHS).

Eine neue Dimension bei den Urteilssammlungen wurde durch die Digitalisierung gefunden. Urteilssammlungen auf CD oder im Internet (z.B. JURIS) ermöglichen eine erheblich schnellere Suche nach Aktenzeichen, Stichpunkten oder anderen Anhaltspunkten. Mußte früher umfangreich in den gedruckten Jahres-Registern gesucht werden, geht dies nun innerhalb von Sekunden.

Die Bedeutung der dargestellten Rechtsprechung ist in Deutschland allerdings im internationalen Vergleich sehr gering. In der Praxis hat sie neben den detaillierten Gesetzen und Rechtslehrmeinungen, insbesondere in Gesetzeskommentaren, keinen übergeordnet hohen Stellenwert. Anders ist dies z.B. in den USA. Dort baut das Rechtssystem in weiten Bereichen auf bereits entschiedenen Fällen auf, es herrscht das sog. Case-law (Fallrecht). Das Recht wird anhand von grundsätzlich bindenden Gerichtsurteilen (Präjudizen) weiterentwickelt. In einer US-Klageschrift ist z.B. bei der Begründung entscheidend, welche Präjudiz-

Urteile gefunden wurden. Bei einem Schriftsatz sieht der gegnerische Jurist zuerst auf die Zusammenfassung aller Präjudiz-Urteile auf dem Deckblatt. Hieran erkennt er die juristische Qualität des Schriftsatzes. Er hat z.B. die Hoffnung, daß dort wichtige, für ihn ungünstige, Urteile übersehen wurden.

Ob in den USA oder in Deutschland, eines ist sicher: Gesetze sind stärker als Rechtsprechung. Ein Sprichwort sagt: Ein Federstrich des Gesetzgebers macht ganze Bibliotheken zunichte. Wenn ein neues Gesetz alte Regelungen aufhebt, ist die zu den alten Normen gefundene Rechtsprechung überholt und damit wertlos.

## 4. Lektion

### Literatur und Lehre
#### ▬▬▬ Fall 9
Nachdem Sie abends noch im Kino waren, treffen Sie beim Italiener einen wirtschaftlich engagierten Freund. Er erklärt, daß sein Rechtsanwalt ihm gesagt habe, er habe in einem Fall einen Anspruch aus PVV. Welcher Paragraph denn das sei und wo er darüber etwas lesen könne?

Die Rechtsliteratur stellt in Deutschland einen Grundpfeiler der Rechtsentwicklung und Rechtsfortschreibung dar. Interessierte Juristen, meist Professoren, Rechtsanwälte, Richter und Staatsanwälte, legen in Büchern, Aufsätzen und Vorträgen ihre Rechtsmeinungen dar und bilden so die Rechtsanwendung fort. An dem Ausformulierten orientieren sich dann wieder andere Juristen und führen die Rechtsentwicklung weiter. Dabei ist es nicht so, daß in der Regel über die Neuerungen bzw. die neuen Ideen geschrieben wird. Die Rechtsfortbildung erfolgt eigentlich nebenbei.

Lehrbücher werden ja in erster Linie geschrieben, um anderen Juristen, meist den Studenten, das bestimmte Rechtsgebiet zu lehren. Ein Lehrbuch soll also ein bestimmtes Rechtsgebiet möglichst umfassend und leicht verständlich darstellen. Dem leicht Verständlichen steht allerdings Verschiedenes entgegen. Zum einen muß sich der wissenschaftlich engagierte Autor bei jeder Darlegung umfassend absichern. Er muß neben Gesetzesstellen auch Fundstellen und Zitate von anderen Autoren beibringen, um so seine Aussagen zu unterlegen und diese für den Leser nachvollziehbar zu machen. Zum zweiten muß er, um seriös zu sein, auf jegliche Anekdoten und Schrägheiten verzichten. Häufig sind diese Autoren in Vorträgen oder Vorlesungen, wo diese Zwänge kaum herrschen, allerdings sehr interessant und auch unterhaltsam. Die guten Lehrbücher haben sich inzwischen vom Lehrbuch zum Nachschlagewerk für alle Juristengruppen entwickelt. Sie liegen z.B. auf den Richtertischen und werden von Professoren in der Vorlesungsvorbereitung herangezogen. Die Studenten und Referendare lesen häufig zum Einstieg und auch später die „Skripten". In diesen Büchern, von denen Sie gerade eines lesen, wird kurz und bündig das Wesentliche erklärt mit der Zielsetzung des schnellen Lernens.

Zitieren, also an anderen Stellen aufgreifen, kann man dort Geschriebenes allerdings nur inoffiziell.

Kommentare sind anders strukturiert als Lehrbücher. Sie lehnen sich an den Aufbau eines Gesetzes an und kommentieren jeden dort aufgeführten Paragraphen in der vom Gesetz vorgegeben Reihenfolge. Sie sind auch nicht eigentlich auf den lernenden Studenten ausgerichtet, sondern wenden sich konkret an den Praktiker, der direkt mit den Paragraphen umgeht. Kommentare sind entsprechend schwierig zu lesen. Sie enthalten z.T. grausame Abkürzungen um Umfang zu sparen. Auch werden die Texte immer wieder durch umfassende Zitate (Hinweise auf Urteil oder Rechtsmeinungen) unterbrochen, so daß man den Satzanfang dreimal wieder suchen muß. Wenn diese umfassenden Zitate nicht regelmäßig ordentlich durchgeforstet werden, kommt es dann zu großen unnützen sog. Zitatenfriedhöfen.

Kommentare lassen sich grob einordnen in drei Kategorien: Kurzkommentare, Kommentare und Großkommentare. Kommentare in einem Band sind Kurzkommentare. Der bekannteste zum BGB ist der Palandt. Er wurde 1940 zuerst aufgelegt und erscheint heute in jedem Jahr neu. Praktisch jeder mit dem BGB arbeitende Jurist hat ihn in einer der aktuellen Auflagen auf dem Schreibtisch. Kommentare sind mehrbändig. Der Übergang zu den vielbändigen Großkommentaren ist fließend. Der bekannteste Großkommentar ist der Staudinger zum BGB. Er kommentiert das BGB auf 55.000 Seiten in ca. 80 Bänden und kostet zig Tausende.

Obgleich Kommentare nicht auf das Studium ausgerichtet sind, sind sie gleichwohl sehr sinnvoll für Studenten etc. Es arbeitet sich sehr gut mit der Strukturierung nach Paragraphen. Zum Teil sind Kommentare sogar in Prüfungen zugelassen. Zum Einstieg sind auch extra kurze und gut verständliche Kommentare (z.B. Lackner/Kühl (StGB)) erschienen.

Eine bunter Wiese aus allem ist das Internet. Zu Stichworten und Paragraphen findet sich mal gutes und mal besseres Wissen. Dabei habe die kostenpflichtigen Angebote häufig bessere Darstellungen. Das vermitteln von komplizierten Sachverhalten mittels Internet ist jedoch darstellungsbedingt schwieriger. Zudem kann man das erworbene Wissen auch nicht zum schnellen Nachschlagen schwarz auf weiß ins Regal stellen.

Zurück zum Fall 9: Ihr engagierter Freund läßt Sie ohne befriedigende Antwort nicht in Ruhe. Also PVV heißt positive Vertragsverletzung, manche sagen auch PFV (positve Forderungsverletzung). Aus PVV gibt es Schadensersatz, sie folgt aus §§ 280 Abs. 1, 241 Abs. 2 BGB, steht dort aber nicht konkret. (Mehr zur PVV in BGB *leicht gemacht*® Lektion 6.) Empfehlen Sie Ihrem Freund eine Internet-Reschersche, ein BGB-Lehrbuch oder besser einen preiswerten kompakten BGB-Kommentar. Dort kann er im Stichwortverzeichnis (auch Idiotenwiese genannt) nachschlagen. Dies hilft häufig, wenn man bei Büchern nur ein Stichwort hat.

Zur Rechtsliteratur zählen auch die Aufsätze in Zeitschriften. Es gibt sehr viele Rechtszeitschriften (bestimmt an die 100). Fast alle sind themenbezogen, d.h., sie sind spezialisiert auf ein Rechtsgebiet oder einen Rechtsbereich wie etwa „Der Betrieb". Diese Zeitschrift berichtet über alle Rechtsbelange eines Betriebes z.B. Arbeitsrecht, Gesellschaftsrecht etc. Die bekannteste Zeitschrift ist die - wie alle sagen - NJW, die tatsächlich „Neue Juristische Wochenschrift" heißt. Mit Aufsätzen kann schneller und punktgenauer auf neue Rechtsentwicklungen oder Lösungsansätze reagiert werden.

Aufsätze finden sich auch in sog. Festschriften (FS). Festschriften werden aus allerlei Gründen herausgegeben, etwa zu Geburtstagen und Jubiläen von bedeutenden Juristen oder Institutionen. Bei den Festschriften handelt es sich nicht um kleine Hefte, sondern um meist sehr dicke teure Bücher, die in den juristischen Bibliotheken oft in einer eigenen Ecke stehen.

Weiterhin ist über die Monographien zu berichten. Monographien sind buchlange Ausarbeitungen über ein Rechtsthema. Sie werden sich nun fragen, wer ein ganzes Buch nur zu einer Rechtsfrage schreibt. Wer soll das nur lesen? Tatsächlich werden die meisten Monographien kaum verkauft und kaum gelesen. Trotzdem werden sie gerne geschrieben. Es handelt sich nämlich in der Regel um veröffentlichte Dissertations- oder Habilitationsschriften (Schriftliche Arbeit der Doktoren- bzw. Professorenprüfung).

## Lehre
### Fall 10
Ihr engagierter Freund hat zwischenzeitlich einen Kommentar gefunden und findet dort in der erwünschten Erklärung zur PVV die Abkürzung a.A. Natürlich könnte er dort im Abkürzungsverzeichnis nachsehen, aber er ruft Sie an.

Lehre ist der Begriff für die Lehrmeinungen im Gegensatz zu der in Lektion 3 dargestellten Rechtsprechung. Sie ist - allgemein gesehen - die Gesamtheit der in der wissenschaftlichen Rechtsliteratur vorgetragenen Ansichten. Bei unterschiedlichen Stellungnahmen zu einzelnen Fragen werden die zahlenmäßig überwiegenden Stellungnahmen als sog. herrschende Lehre (h.L.) bezeichnet. Dabei wird einerseits gezählt, andererseits auch das wissenschaftliche Gewicht einer Stimme beachtet. Sollte einmal die herrschende Lehre und die herrschende Rechtsprechung (h.R). einer Meinung sein, entsteht die herrschende Meinung (h.M). Es kommt jedoch häufig vor, daß die h.L. relevant ist; etwa wenn ein juristisches Problem von der Rechtsprechung noch nicht entschieden wurde, oder auch, wenn ein neues vereinzeltes Urteil mit der h.L. angegriffen werden soll.

Zum Teil wird behauptet, wenn es eine herrschende Lehre gäbe, müßte es zwangsläufig auch eine andere Meinung zu dem Problem, also eine Mindermeinung, geben. Abgekürzt wird dies „a.A." für andere Ansicht (z.B. a.A. ist X, der ...). Sonst müsse man von der Lehre als solche sprechen. Dies ist auch irgendwie logisch. In der Praxis kann man jedoch auch von der h.L. ohne die Anführung der a.A. sprechen.

Ihrem engagierten Freund aus dem FALL 10 können Sie nun erklären, daß a.A. „anderer Ansicht" heißt und daß er - wenn gerade diese ihm gut paßt - leider nur auf einer Mindermeinung aufbaut.

Auch für die Lehre stimmt das Sprichwort, daß ein Federstrich des Gesetzgebers ganze Bibliotheken zunichte macht. Ein neues Gesetz und viele Buchabschnitte, Kommentarseiten und Aufsätze sind hinfällig.

Juristische Ansichten und Abkürzungen:

h.R. – herrschende Rechtsprechung
h.L. – herrschende Lehre
h.M. – herrschende Meinung (h.R. + h.L.)
a.A. – andere Ansicht (Mindermeinung)
m.E. – meines Erachtens

# II. Sachgebiete des Rechts

## 5. Lektion

### Grundwissen Zivilrecht

Jetzt also zum Grundwissen der Rechtsgebiete. Wie gliedern sich diese? Prüfungsrichtungen sind

– Zivilrecht
– Strafrecht
– Öffentliches Recht

Diese drei Rechtsgebiete werden auch hier die Grundrichtung vorgeben. Im Hinterkopf sollten Sie allerdings behalten, dass das Öffentliche Recht sehr weitreichend ist. Das Strafrecht selbst und auch Teile des Zivilrechts (etwa das Zivilprozeß-Recht) gehören u.a. eigentlich zum Öffentlichen Recht. Aber es ist natürlich wenig sinnvoll, das Zivilrecht und das Recht über den dazugehörigen Prozeß nicht entsprechend zusammen zu behandeln. Es wird auch nicht gemacht.

### Rechtsgebiete
### ▩ Fall 11

Ihr Vereinsfreund bietet Ihnen ein gebrauchtes Auto zum Kauf an. Sie wissen, dass man unter Bekannten keine Autos kauft und lehnen ab. Nachdem Sie als Käufer nicht mehr interessant sind, kommen die Fragen. Wie sähe so ein Kaufvertrag geschickterweise aus? Machte man sich wirklich strafbar, wenn man den Tacho etwas zurückstelle? Brauchte man für eine Garage wirklich eine Baugenehmigung? Sie können sich vor den Antworten glücklicherweise mit einem wichtigen Handyanruf drücken, fragen sich jedoch, welche Rechtsgebiete diese Fragen betreffen.

Das Zivilrecht, auch Privatrecht genannt, bezeichnet alle Normen (Regeln, Vorschriften, eigentlich Paragraphen), die die Rechtsbeziehungen der Menschen untereinander ordnen. Halt was heißt hier Norm?

## Leitsatz 9

**!**

**Normen**

Eine Norm im Rechtssinne ist eine Regel, eine Vorschrift, eine Richtlinie, nach der etwas geschehen soll. Es handelt sich in Gesetzen in der Regel um Paragraphen, im Grundgesetz und den Länderverfassungen z.B. um Artikel. Der Jurist spricht häufig von Normen, wenn er auch Paragraphen sagen könnte.

Weiter zum Zivilrecht. Es handelt sich dabei um das Bürgerliche Gesetzbuch (BGB) und seine vielen Nebengesetze. Das Zivilrecht legt fest, welche Freiheiten, Rechte, Pflichten und Risiken die Menschen untereinander haben. Einfach gesagt: Wenn sich zwei Menschen (oder Unternehmen etc.) um Verträge oder sonst etwas streiten, was nur sie beide (und nicht den Staat) etwas angeht, dann gehört das zum Zivilrecht. Es kommt ggf. vor den Zivilrichter. Dort streiten sich eben zwei private Seiten (Kläger und Beklagter). Ein Beispiel: Ein Grundeigentümer (Kläger) verklagt seinen Nachbarn (Beklagten), die zu hoch gewachsenen Grenztannen zu fällen. Es ist ihr privates Problem und damit für den Staat ohne Interesse.

Im Gegensatz dazu steht das Strafrecht. Hier vertritt der Staat sein Strafverfolgungsinteresse. Mittels der Staatsanwaltschaft (STA) verfolgt er Straftäter, um die Straftaten zu ahnden. Vor dem Strafgericht stehen sich daher nicht zwei Parteien, sondern der Staatsanwalt als Ankläger und der Angeklagte gegenüber. Die offizielle Definition des Strafrechts lautet: Das Strafrecht umfaßt die Gesamtheit der Rechtsnormen, die Inhalt und Umfang der staatlichen Strafbefugnis bestimmen. Anders gesagt: Normen, die den Vorgang der staatlichen Strafverhängung regeln. Das Strafrecht bestimmt, was der Staat für strafwürdig betrachtet.

Das Öffentliche Recht umfaßt hingegen jene Normen, die die staatliche Organisation und das hoheitliche Handeln des Staats ordnen. Es regelt das Verhältnis des Einzelnen zum Staat und den übrigen Trägern der öffentlichen Gewalt. Es ist gekennzeichnet vom Über- und Unterordnungsverhältnis. Das Öffentliche Recht ist sehr umfassend. Auch etwa das Verfassungsrecht und das Verwaltungsrecht gehören dazu. Es ist absolut vielfältig. Einige Streit-Beispiele aus der riesigen Auswahl:

Streit über eine Baugenehmigung (Bauordnungen der Länder), über die Erteilung eines Waffenscheins (Waffengesetz) oder über die Grabsteingröße auf einem öffentlichen Friedhof (kommunale Friedhofsordnung).

Nun können Sie schon Fall 11 lösen: Der Kfz-Kaufvertrag gehört ins Zivilrecht. Die Tachomanipulation könnte Betrug und Fälschung technischer Aufzeichnungen nach dem Strafrecht sein. Die Frage der Baugenehmigung betrifft das öffentliche Recht.

## Leitsatz 10

### Zivilrecht, Strafrecht, öffentliches Recht

Das Zivilrecht, auch Privatrecht genannt, bezeichnet alle Normen, die die Rechtsbeziehungen der Menschen als selbständige Rechtsobjekte untereinander ordnen. Das Strafrecht umfaßt die Gesamtheit der Rechtsnormen, die den Vorgang der staatlichen Strafverhängung regeln. Zum öffentliche Recht gehören jene Normen, die die staatliche Organisation und das hoheitliche Handeln des Staats rechtlich stützen.

## Zivilrecht

Nun also der Einstieg ins Zivilrecht. Für den Juristen sind Fachbücher das Salz in der Suppe. Es heißt, der gute Jurist muß nicht alles im Kopf haben, aber er muß wissen, wo er nachschlagen kann. Einen Überblick erhalten Sie z.B. in einer (hoffentlich) gut sortierten juristischen Fach-Buchhandlung. Beim Stöbern entdecken Sie auf den Titeln und in der Verzeichnissen öfter die Abkürzungen AT und BT. Sie denken sich gleich, wenn AT Allgemeiner Teil heißt, dann heißt BT Besonderer Teil. Aber wieso gibt es hin und wieder zwei Teile? Es ist eine Aufbautechnik von Gesetzen. Der allgemeine Teil wird sozusagen vor die Klammer nach vorn gezogen und gilt für alle folgenden Teile oder Bücher. Zwei Beispiele aus dem BGB: Das erste Buch von 1 bis 240 BGB ist der AT des BGB. Hier stehen so unverzichtbare Dinge, wie die Berechnung von Fristen und Terminen (§§ 186ff BGB). Es muß einfach im ganzen BGB einheitlich sein, wie Fristen detailliert berechnet werden, etwa an welchem Wochentag sie enden oder wie Feiertage eingerechnet werden. Wenn Sie diese Vorschriften jetzt lesen, dann kennen Sie diese unge-

fähr und wissen Ihr ganzes Juristenleben, wo Sie nachschlagen können.
Die vier weiteren Bücher des BGB beinhalten den Besondern Teil und
betreffen Schuldrecht, Sachenrecht, Familienrecht und Erbrecht. Auch im
Schuldrecht exisitiert ein AT und ein BT. Die ersten sieben Abschnitte von
§§ 241 bis 432 BGB stellen dort den Allgemeinen Teil dar. Gleich im dritten Paragraphen findet sich der berühmt-berüchtigte § 242 BGB, mit dem
der findige Jurist über einen Hilferuf nach „Treu und Glauben mit
Rücksicht auf die Verkehrssitte" versucht jedes Ergebnis noch umzudrehen
(klappt aber sehr selten!). Ab § 433 BGB geht es dann mit dem
Besonderen Teil des Schuldrechts (achter Abschnitt) los. Hier beginnt der
sog. erste Titel über den Kaufvertrag. Es folgen 26 weitere Titel wie etwa
Schenkung, Miete und Pacht, Leihe, Darlehen, Dienstvertrag und
Werkvertrag. Inhaltsübersicht zum Schuldrecht lesen!

AT und BT sind die Abkürzungen für Allgemeiner Teil und Beson-
derer Teil. Mit dieser Aufbautechnik wird bei Gesetzen durch den
Allgemeinen Teil eine gemeinsame Grundlage für alle Bereiche des
Besonderen Teils geschaffen.

Was fällt Ihnen in der Buchhandlung sonst noch in den Regalen der
Zivilrechtsecke auf: Bücher zum Mietrecht, zum Arbeitsrecht, zum
Reiserecht, zum Familienrecht, zum Baurecht oder zum Handelsrecht.
Dies alles ist Zivilrecht. Die verschiedenen Rechtsgebiete unterliegen
keiner direkten Ordnung. Egal, ob es ein Spezialgesetz gibt oder nicht,
unbedeutend ob viele oder wenige Paragraphen betroffen sind, die
Auswahl bzw. Bildung von Rechtsgebieten bestimmt der juristische
Markt. Bedeutsame Themen, die Gegenstand zahlreicher Rechtsstreitig-
keiten waren, wurden und werden zur Rechtsgebieten zusammengefaßt.

Neben den Themenbüchern fallen in der Buchhandlung viele Kommentare auf. Sie betreffen das BGB, aber auch die sog. Nebengesetze. Zehn
Gesetze, die Sie mal in Ihren Gesetzesbüchern nachgeschlagen haben
sollten, finden Sie in der Übersicht 8.

## Übersicht 8:   Zehn wichtige Zivilrechts-Gesetze

– Bürgerliches Gesetzbuch (BGB)

– Handelsgesetzbuch (HGB; Recht der Kaufleute)

– GmbH-Gesetz (Recht der GmbH-Gesellschaft)

– Kündigungsschutzgesetz (KSchG; Arbeitsrecht)

– Betriebsverfassungsgesetz (BetrVG; Rechte des Betriebsrats etc.)

– Urheberrechtsgesetz (UrhG)

– Insolvenzordnung (InsO)

– Zivilprozeßordnung (ZPO; Recht des Zivilprozesses)

– Gerichtskostengesetz (GKG; Höhe der Gerichtskosten)

– Rechtsanwaltsvergütungsgesetz (RVG; Kosten der Rechtsanwälte)

## Anspruchsgrundlagen

Das Zivilrecht behandelt fast immer die Frage nach Wünschen. Am Ende eines jeden Falls, sei es in Fallaufgaben, sei es im richtigen Leben, begehrt eine Seite etwas von der anderen Seite. A. wünscht sich den Kaufpreis seiner Hose nach einem Hundebiß. B. möchte nach illegalen Schießübungen auf sein Kfz die Reparaturkosten erstattet haben. C. wünscht sich das Geld für sein verkauftes Radio (Fälle 12,13,14). Allerdings ist die Höflichkeit ein wenig untergegangen und alle reden von Wollen und Ansprüchen. So kommt man zu der berühmten Frage am Anfang jeder zivilrechtlichen Falllösung: Wer will was von wem woraus? Bitte sagen Sie diese Frage zehnmal leise vor sich hin.

Normalerweise läßt sich ziemlich schnell, auch ohne Jurakurs oder -studium herausfinden, wer was will, von wem er etwas will und was er will (meist Geld). Der Knackpunkt liegt im „woraus". Jetzt haben Sie in der einen Hand „Jura *leicht gemacht*®" mit den drei Fällen 12-14 und in der anderen Hand das BGB - nun machen Sie mal. Woraus? Woraus? Woraus? Das BGB hat - gerundet zum leichten Behalten - um die 2222

Paragraphen. Ein Einstieg ist etwa die Idiotenwiese (Sachverzeichnis) über die Stichwörter. Welches Stichwort kommt hier beim Hundebißfall 12 in Frage? „Hund", „Tiere" und „Tierhalter". Bei mir steht unter „Hund" gar nichts, ich finde jedoch „Tiere, Haftung für Schaden §§ 833, 834" und „Tierhalter, Haftung § 833", was darauf schließen läßt, das in dem § 833 BGB etwas darüber stehen könnte. Welche Stichworte und Normen haben Sie gefunden?

Aber halt, zuerst etwas über Anspruchsgrundlagen. Es gibt zwei Sorten von Paragraphen. Zwar sehen beide gleich aus, sie sind auch normal durchgezählt, aber aus den einen gibt es etwas, aus den anderen nicht. Es ist vergleichbar mit dem Alphabet. Dort gibt es Vokale und Konsonanten. Die Vokale tragen ein Wort, die Konsonanten bestimmen die Aussprache. Ohne Vokal kein Wort! Ohne Anspruchsgrundlage kein Geld etc.! Wenn Sie also etwas im Zivilrecht erhalten wollen, so brauchen Sie eine Anspruchsgrundlage, meist einen Paragraphen oder auch einen wirksamen Vertrag mit dem passenden Paragraphen.

Wie findet man jetzt mal schnell die Anspruchsparagraphen im BGB? Sie sind weder an einer Stelle im BGB gesammelt, noch haben sie ein Sternchen zur Kennzeichnung. Einfach geht es also nicht; es ist eine kleine oder sogar eine große Kunst! Es gibt etwa 100 Paragraphen im BGB, die eine Anspruchsgrundlage darstellen. Mit den Gesetzgebungen wechseln diese jedoch, so daß praktisch regelmäßig aktuell zu suchen ist.

Ein Einstieg in die Welt der Anspruchsgrundlagen ist das Skript von Nawratil „BGB *leicht gemacht*®". Andere finden sich in entsprechenden Lehrbüchern und im Internet. Die Anspruchsgrundlagen in den Griff zu bekommen, ist ein Hauptziel des zivilrechtlichen Lernens.

### ▬ Fall 12

Der A möchte also den Kaufpreis seiner Hose vom Tierhalter. Über das Stichwortverzeichnis des BGB wurde oben unter Tierhalterhaftung der § 833 BGB gefunden. Aber ist der § 833 BGB eine Anspruchsgrundlage? Lesen Sie! Bekommt jemand etwas? Ja!! „Wird durch ein Tier … eine Sache beschädigt, so ist derjenige, welcher das Tier hält, verpflichtet, dem Verletzten den daraus entstandenen Schaden zu ersetzen". Es steht also deutlich da, das es (für den Verletzten) etwas gibt. Damit ist es eine richtige Anspruchsgrundlage. Gegenbeispiel: § 190 BGB, hier geht es nur um eine Fristverlängerung und keiner bekommt etwas. Ob A nun tatsächlich Geld bekommt, liegt an den näheren Umständen. Entscheidend ist hier, daß eine Anspruchsgrundlage gefunden wurde, die ggf. weiter geprüft werden könnte. Weitere Beispiele für Anspruchsgrundlagen sind der Schadensersatz nach unerlaubter Handlung gem. § 823 Abs. 1 BGB oder auch die Herausgabe nach unberechtigter Bereicherung gem. § 812 BGB. Lesen!

Die wichtigsten Anspruchsgrundlagen neben den Paragraphen sind geschlossene Verträge. Verträge müssen erfüllt, daß heißt, eingehalten werden. Ganz ohne Paragraphen geht es dort auch nicht. Es muß der Vertrag eingeordnet und mit dem passenden Paragraphen zitiert werden. Ein Beispiel: Erfüllung des Kaufvertrags gem. § 433 BGB vom (Datum des Vertrags einsetzen). Diese Anspruchsgrundlage greift, wenn z.B. nach Kaufvertragsabschluß der Kaufpreis nicht gezahlt wurde (§ 433 Abs. 2 BGB). Wenn keine Miete gezahlt wird, geht es um die Erfüllung des Mietvertrags gem. § 535 BGB vom (Datum).

### ◼◼ Fall 13, 14

Jetzt können wir uns auch bei den Fällen 13 und 14 auf die Suche nach Anspruchsgrundlagen machen. Schadensersatz für B., auf dessen Kfz Schießübungen gemacht wurden, gibt es aus Delikt nach §§ 823 Abs. 1 u. 2., 826 BGB. C. erhält sein Geld auf Grund der Anspruchsgrundlage Erfüllung des speziellen Radio-Kaufvertrags gem. § 433 Abs. 2 BGB. Hier wurden die Fälle natürlich so gewählt, daß sie auf die als Beispiel gezeigten Anspruchsgrundlagen passen. Tatsächlich ist das Finden schwierig, in Falllösungen sozusagen die halbe Miete, und nur über umfassendes Suchen zu schaffen. Als Einstieg finden Sie hier in der Übersicht 9 (zehn wichtige Anspruchsgrundlagen). nachlesen! und auf Wunsch mit Lehrbüchern oder Skripten (z.B. Nawratil, BGB *leicht gemacht*®) vertiefen.

## Leitsatz 11

**!**

**Anspruchsgrundlagen**

Wer im Zivilrecht etwas haben möchte, muß sich auf eine (oder mehrere) sog. Anspruchsgrundlagen berufen. Es handelt sich meist um bestimmte Paragraphen, oder Paragraphenketten, oder individuelle Verträge, die mit den entsprechenden Paragraphen zur Einordnung zitiert werden.

## Übersicht 9:    Zehn wichtige Anspruchsgrundlagen

- Erfüllung des Kaufvertrags (§ 433 BGB), des Mietvertrags (§ 535 BGB), des Werkvertrags (§ 631 BGB) etc.

- Schadensersatz oder Aufwendungsersatz bei Leistungsstörungen gem. §§ 280 Abs. 1 u. 3, 284 BGB (für alles, was bei Schuldverhältnissen (Verträgen u.a.) schief gehen kann)

- Nutzungs- und Schadensersatzanspruch gem. §§ 987ff BGB des Eigentümers gegen den Besitzer

- Aufwendungsersatz bei berechtigter Geschäftsführung ohne Auftrag gem. §§ 683, 670 BGB

- Herausgabe nach unberechtigter Bereicherung gem. § 812 BGB (wenn z.B. Verträge unwirksam sind und alles zurückgegeben werden muß)

- Schadensersatz nach unerlaubter Handlung gem. § 823 Abs. 1, § 823 Abs. 2 BGB und/oder § 826 BGB

- Haftung des Tierhalters gem. § 833 BGB

- Ansprüche wegen Entziehung oder Störung des Besitzes gem. § 861 BGB, § 862 BGB und/oder § 1007 BGB

- Herausgabeanspruch des Eigentümers gegen den Besitzer gem. § 985 BGB

- Beseitigungs- und Unterlassungsansprüche des Eigentümers gem. § 1004 BGB

# 6. Lektion

## Grundwissen Strafrecht

Beim Strafrecht geht es, wie oben schon dargelegt, um die Gesamtheit aller Normen, die den Vorgang staatlicher Strafverhängung regeln. Der Strafanspruch des Staats wird verwirklicht. Es geht also um die Bestrafung für Böses. Es beginnt mit den Ordnungswidrigkeiten, etwa der Geschwindigkeitsüberschreitung oder dem Bauen ohne Baugenehmigung. Eine Ordnungswidrigkeit ist ein Verwaltungsunrecht. Verstöße werden zur Ahndung mit einer Geldbuße belegt. Näheres wird im Ordnungswidrigkeitengesetz (OWiG) geregelt.

## StGB und Nebenstrafrecht

Den Kernbereich des Strafrechts finden Sie im Strafgesetzbuch (StGB), dort geht es über Beleidigung, Diebstahl, Urkundenfälschung, Betrug, Raub bis zum Mord. Überfliegen Sie das Inhaltsverzeichnis. Vorn finden Sie den allgemeinen Teil, der die allgemeine Lehre von der Straftat beinhaltet (z.B. Versuch, Teilnahme oder Notwehr).

Viele Straftatbestände stehen jedoch verstreut - geradezu versteckt - in Nebengesetzen. Zum einen existieren Spezialstrafgesetze, wie z.B. das Wehrstrafgesetz oder das Wirtschaftsstrafgesetz. Häufig aber finden sich in Gesetzen, die sich mit einer ganz anderen Materie befassen, Strafnormen. Dort soll die Einhaltung des Gesetzes mit der Strafandrohung gewährleistet werden. Beispiele hierfür sind die §§ 399 ff Aktiengesetz oder die §§ 82 ff GmbH-Gesetz. Mehr dazu in der Übersicht 10. Eben haben Sie das Inhaltsverzeichnis des StGB überflogen, wenn Sie jetzt noch die Gesetze des Nebenstrafrechts nachschlagen, wissen Sie Ihr Leben lang, was denn alles so strafbar sein könnte und wo es so ungefähr steht.

Zwei Dinge noch in der Vorstellung des Strafrechts: Die Besonderheiten des Strafrechts für Jugendliche und Heranwachsende (18-20 Jahre alt) regelt das Jugendgerichtsgesetz (JGG). Die Führung des Strafprozesses und der Ermittlungen zuvor an sich wird durch die Strafprozeßordnung (StPO) normiert.

**Gesetze des Strafrechts:**
Kerngesetz ist das Strafgesetzbuch (StGB). Daneben existieren komplette Spezialgesetze (z.B. Wehrstrafgesetzbuch) sowie strafrechtliche Abschnitte in anderen Gesetzen, wo man sie fast nicht vermuten würde (z.B. §§ 399ff AktienG). Der Strafprozeß wird mittels der Strafprozeßordnung (StPO) geführt. Sondervorschriften für Jugendliche und Heranwachsende finden sich im Jugendgerichtsgesetz (JGG).

## Übersicht 10: Wichtiges Nebenstrafrecht

### a) Spezialstrafgesetze

- Völkerstrafgesetzbuch (VStGB)

- Wehrstrafgesetz (WStG)

- Wirtschaftsstrafgesetz (WiStG)

### b) Gesetze mit Straf-Annex

- Abgabenordnung (z.B. Steuerstrafr.; §§ 369ff AO)

- Aktiengesetz (§§ 399ff AktienG)

- Aufenthaltsgesetz (§§ 95ff AufenthG)

- Betäubungsmittelgesetz (§§ 29ff BtMG)

- Gewerbeordnung (§§ 144ff GewO)

- GmbH-Gesetz (§§ 82ff GmbHG)

- Pflichtversicherungsgesetz (§ 6 PflversG)

- Straßenverkehrsgesetz (§§ 21ff StVG)

- Urheberrechtsgesetz (§§ 106ff UrhG)

- Waffengesetz (§§ 51ff WaffenG)

## Ohne Gesetze keine Strafe

Kommen wir nun zu den strafrechtlichen Grundsätzen. Jeder muß den Satz „nullum crimen sine lege" kennen. Er heißt: Ohne Gesetz keine Strafe. Es bedeutet, daß Handeln oder Unterlassen, daß nicht im Gesetz als strafbar steht auch nicht bestraft werden kann. Das sog. Gesetzlichkeitsprinzip findet sich wortgleich in Art. 103 Abs. 2 GG und 1 StGB: „Eine Tat kann nur bestraft werden, wenn die Strafbarkeit gesetzlich bestimmt war, bevor die Tat begangen wurde". Ist doch klar? Ist nicht wichtig? Bei der ersten Flugzeugentführung schon - damals gab es § 316c StGB (Angriffe auf Luft und Seeverkehr) noch nicht. Die freundliche mit Pistole „vorgetragene Bitte" an den Lufthansa-Kapitän, nicht in Athen sondern in Beirut zu landen, war nicht entsprechend zu bestrafen (Geltung des deutschen Rechts: § 4 StGB). Auch die Normen § 263a StGB (Computerbetrug), § 317 StGB (Störung von Telekommunikationsanlagen) oder § 328 StGB (Unerlaubter Umgang mit radioaktiven Stoffen) haben hier ihren Ursprung.

## Leitsatz 12

**!**

### nullum crimen sine lege

Ein Grundsatz aus der Verfassung (Art. 103 Abs. 2 GG), wiederholt in § 1 StGB: Eine Tat kann nur bestraft werden, wenn die Strafbarkeit gesetzlich bestimmt war, bevor die Tat begangen wurde (Gesetzlichkeitsprinzip).

Ein Ausfluß dieses Gesetzlichkeitsprinzip ist das Verbot des Gewohnheitsrechts und der Analogie. Mit zwei Sätzen kann der Richter sein Strafurteil also nicht begründen: „Das war doch schon immer strafbar" und „Wenn die Handlung dort strafbar ist, dann ist sie auch in diesem Bereich strafbar". Die Strafbarkeit kann also weder aus der Gewohnheit noch aus der parallelen Anwendung anderer Vorschriften abgeleitet werden. Der Freispruch allerdings schon! Ein Anwendung zur Straferleichterung ist möglich.

### Fall 15

Ein Fall zum Gesetzlichkeitsprinzip. A. hat eine sexuelle Nötigung mit Todesfolge im August 1996 begangen. Erst im Jahr 2002 stand er vor Gericht. Zur Tatzeit beinhaltete die Strafandrohung in § 178 Abs. 3 StGB

„Freiheitsstrafe nicht unter fünf Jahren". Im Jahr 2002 hieß es in 178 StGB „lebenslange Freiheitsstrafe oder Freiheitsstrafe nicht unter zehn Jahren." Welcher Strafrahmen galt?

Sollte der Richter den Strafrahmen von der Tat oder vom Prozeß anwenden? Klar, man könnte sagen, der Gesetzgeber hatte dazugelernt, die Strafe von mind. fünf Jahren war zu gering; eben Pech gehabt, 2002 sollte mindestens das Doppelte verhängt werden. Aber denken Sie an das Gesetzlichkeitsprinzip. Kann das denn sein, rückwirkend die Strafe erhöhen? Wäre A. damals gleich nach der Tat geschnappt worden, hätte er halt weniger bekommen? Nein! Das Gesetzlichkeitsprinzip gilt auch zeitlich gesehen. Diese Konsequenz heißt dann Rückwirkungsverbot. Im Nachhinein kann also weder etwas strafbar werden, was nicht strafbewehrt war, noch etwas höher bestraft werden, als die Strafandrohung zum Tatzeitpunkt (§ 2 Abs. 3 StGB). Andersherum, zu Gunsten des Beschuldigten, geht es schon. Wenn z.B. die Todesstrafe in einem fremden Land (hoffentlich auch USA) abgeschafft würde, dann hieße das Rückwirkungsverbot nicht, daß schnell noch alle (Alt-)Täter zum Tode verurteilt und hingerichtet werden müßten.

Der Fall 15 ist nun leicht zu lösen: Es gilt gem. § 2 StGB die geringere Strafandrohung zur Tatzeit von mind. fünf Jahren Freiheitsstrafe.

Das Gesetzlichkeitsprinzip ist wirklich ein fundamentaler Grundsatz. Es existiert sogar noch eine dritte Ableitung, das Bestimmtheitsgebot. Was nutzt die Garantie des Vorhandenseins einer gesetzlichen Grundlage, wenn diese so schwammig oder unscharf ist, daß der Richter mehr oder weniger frei auslegen kann, was strafbar ist und was nicht? Eine Norm, ein Paragraph muß so bestimmt sein, daß er die zu bestrafende Tat und die Rechtsfolgen hinreichend klar beschreibt. Ansonsten können negative Rechtsfolgen daraus nicht hergeleitet werden. Praktisch gesehen ist dies jedoch nur eine Forderung, aus der sich im täglichen Rechtsleben kein Honig saugen läßt. Ein Beispiel ist der alte § 360 Nr. 11 StGB mit der Beschreibung „wer groben Unfug verübt..." (bis 1974). Natürlich war dies unbestimmt, natürlich wurde damals danach auch verurteilt. Heute gibt es den „groben Unfug" im Strafrecht konkret nicht mehr, er ist in den §§ 117ff OWiG eingeflossen. Lesen!

## Leitsatz 13

**!**

**Grundsätze des Gesetzlichkeitsprinzip**

Aus dem Gesetzlichkeitsprinzip gem. Art. 103 Abs. 2 GG = § 1 StGB folgen:
- das Verbot des Gewohnheitsrechts und der Analogie
- das Rückwirkungsverbot (§ 2 StGB)
- das Bestimmtheitsgebot.

Die Verbote gelten natürlich nur zum Schutz der Beschuldigten, also nur zu ihren Gunsten, etwa straferleichternd.

## Grundsatz der Humanität

Nicht vergessen werden soll der Grundsatz der Humanität in der deutschen Kriminalpolitik. Er zeichnet sich aus durch die Mitverantwortung für den straffällig gewordenen Menschen, durch die Bereitschaft zur sozialen Hilfe oder auch durch den Willen zur Rückgewinnung verurteilter Straftäter (Resozialisation). Deutschland hat entsprechend die Europäische Menschenrechtskonvention vom 4.11.1950 unterzeichnet und sich damit international zum Schutz der Menschenrechte und Grundfreiheiten verpflichtet. Für das Strafrecht bedeutet dies etwa die Anerkennung des Verbots der Folter, des Verbots unmenschlicher oder erniedrigender Strafen oder Behandlung und die Beachtung des Gebots des fairen Strafverfahrens. Das Verbot der Todesstrafe wurde durch das Protokoll Nr. 6 vom 28.4.1983 in die Europäische Menschenrechtskonvention aufgenommen.

## 7. Lektion

### Grundwissen Öffentliches Recht

Das öffentliche Recht steht nicht so in den Schlagzeilen, wie das Zivil- oder das Strafrecht, es ist jedoch von seinem Umfang und von seiner Bedeutung für den Einzelnen größer.

Das Öffentliche Recht beginnt mit dem Verfassungsrecht oder sogar mit dem Völkerrecht. Das Völkerrecht regelt mit internationalen Vereinbarungen oder auf der Grundlage von Gewohnheitsrecht das Verhältnis der Staaten untereinander. Es wird hier nicht weiter behandelt. Das Verfassungsrecht ist - mal etwas Einfaches - das die Verfassungen des Bundes (Grundgesetz) und der Länder betreffende Recht. Die Grundlagen hierzu kennen Sie schon aus der 1. Lektion.

Als Mittelpunkt des öffentlichen Rechts kann man das vielfältige Verwaltungsrecht bezeichnen. Im Folgenden erhalten Sie einen Einstieg in den Aufbau der Verwaltung und in das dazugehörige Verwaltungsrecht.

Daß daneben noch das Strafrecht und das Prozeßrecht eigentlich zum Öffentlichen Recht gehören, aber nicht dort behandelt werden, wurde schon eingangs in der 5. Lektion dargestellt. Zum Öffentlichen Recht beachten Sie die Übersicht 11.

## Gemeinden, Länder, Bund

Die Verwaltung ist allumfassend. Ganz Deutschland ist in Verwaltungsbereiche aufgegliedert: Gemeinde grenzt an Gemeinde (bis auf ein paar Bundeswehrgebiete o.ä.); es sind etwa Dörfer, Städte oder Großstädte. Irgendwo gehört jedes Grundstück und jeder Bewohner hin. Zum Stichwort Gemeinde: Von Interesse ist, daß kreisfreie und kreisangehörige Gemeinden existieren. Die Kreisfreien sind stolz darauf und haben mehr eigene Rechte, etwa bei der Erteilung von Baugenehmigungen. Sie nehmen die Verwaltungsaufgaben der Kreise selbst war.

Jede Gemeinde und damit die in den Gemeindegrenzen gelegenen Grundstücke gehört direkt oder mittels regional sehr unterschiedlicher Strukturen, letztendlich in eines unserer 16 Bundesländer (z.B. Bayern). Die Länder mit ihren Gebieten bilden zusammen die Bundesrepublik Deutschland, den Bund. Diese Untergliederung des Bundes in Länder und die Übertragung von Aufgaben auf die Länder machen die Bundesrepublik zum sog. föderalen Bundesstaat. Dies findet man in EU z.B. selten.

Wie werden nun die drei Ebenen (Gemeinden, Länder, Bund) geführt? Natürlich von den von uns gewählten entsprechenden Volksvertretern. Was ist eine der Hauptaufgaben der Volksvertreter? Sie erlassen direkt oder über die Strukturen unzählige Gesetze, Verordnungen, Satzungen und was sonst unser Leben so reglementiert. Auch dies, und das ist das

Lernziel, eben auf diesen drei Ebenen. Für jede Ebene wurde dabei ein
Paket von eigenen Zuständigkeiten geschnürt. Beispiele: Gemeinden
regeln mit Satzungen die Müllproblematik, Länder regeln mit Gesetzen
die Schulpolitik und der Bund die Verteidigung.

## Übersicht 11: Öffentliches Recht

→ Völkerrecht
→ Staatsrecht
→ Verwaltungsrecht

→ Strafrecht
  – wird als eigenes Rechtsgebiet behandelt

→ Prozeßrecht
  – wird in den Rechtsgebieten z.B. im
    Zivilrecht behandelt

→ Kirchenrecht
  – wird als eigenes Rechtsgebiet behandelt

## Gesetz, Verordnung, Satzung

Kurz etwas zum Problemkreis Gesetz, Verordnung, Satzung. Ein Gesetz
ist jede Rechtsnorm, d.h. jede hoheitliche Anordnung, die für eine unbestimmte Vielzahl von Personen allgemein verbindliche Regelungen enthält. Für (Rechts-) Verordnungen und Satzungen trifft das gleiche zu!
Auch sie sind Gesetze! Ach, was ist denn dann der Unterschied?

(Rechts-)Verordnungen werden nicht von den gewählten Vertretern, der
Regierung, sondern von den Organen der Vollziehenden Gewalt, den
Verwaltungsbehörden, erlassen. Dazu wurden sie zuvor gem. Art. 80 GG
durch ein Gesetz ermächtigt. Dies ist außerordentlich praktisch, die
Verordnungen werden so aus der Schußlinie der parlamentarischen
Diskussion geholt und still und heimlich von der Behörde an- und aus-

gefertigt. Dies geht allerdings nicht immer - die Verordnungen dürfen ein Gesetz nicht völlig vertreten. Satzungen, und das ist wieder einfach, heißen die Gesetze der Gemeinden.

Verwaltungsrecht ist fürchterlich kompliziert und verzweigt. Daher nochmals zu den Gesetzen. Was hier dargestellt wurde, sind die Gesetze im materiellen Sinne. Daneben gibt es noch die Gesetze im formellen Sinne: Alles, was die Gesetzgeber beschließen, nennen sie Gesetz, es durchläuft ja auch den Gesetzgebungsweg. So ist aber z.B. der Haushaltsplan nur im formellen Sinn ein Gesetz, da er nix Entsprechendes regelt.

## Leitsatz 14

**!**

### Gesetz, Verordnung, Satzung

Ein Gesetz im materiellen Sinne ist jede hoheitliche Anordnung, die für eine unbestimmte Vielzahl von Personen allgemein verbindliche Regelungen enthält. Rechtsverordnungen und Satzungen sind auch Gesetze. Rechtsverordnungen werden von Verwaltungsbehörden erlassen (Ermächtigung gem. Art. 80 GG), Satzungen von Gemeinden. Gesetze im formellen Sinne sind alle Beschlüsse der Gesetzgeber.

## Verwaltungsakt (VA) und öffentlich-rechtlicher Vertrag

### Fall 16

A. möchte sich gern in der Innenstadt ein neues schönes Häuschen bauen. Ein Problem: Das alte muß erst weggerissen werden. Hoffentlich steht es nicht unter Denkmalschutz, denkt er und beantragt auf Rat seines Architekten bei der Bauverwaltung seiner Gemeinde eine Abrißgenehmigung. Kaum zu glauben, er erhält innerhalb einer Woche die Genehmigung, allerdings bis auf die unteren vier Meter Fassade; diese seien schutzwürdig. Als A. das Schreiben in der Hand hält, fragt er sich, was ihn da getroffen hat.

Um ein Gesetz handelt es sich wohl kaum. Ein Gesetz wendet sich an eine unbestimmte Anzahl von Personen und die Abrißgenehmigung hingegen nur an ihn selbst. Auch ist es keine allgemein verbindliche Regelung, sondern sie betrifft einzig ihn und sein Grundstück.

Andererseits hat er ja nun einen verbindlich unterschriebenen Brief von der Gemeinde in der Hand.

So viele Möglichkeiten zu reagieren hat eine Behörde gar nicht. Es gibt den Verwaltungsakt und den öffentlich-rechtlichen Vertrag. Der Verwaltungsakt, regelmäßig VA genannt, ist das wichtigste Entscheidungs- bzw. Handlungsinstrument einer Behörde zur Findung eines Abschlusses in einem Verwaltungsverfahren. Er ist in § 35 Verwaltungsverfahrensgesetz (VwVfg) geregelt. Unbedingt lesen! Einfacher gesagt, handelt es sich bei einem VA um eine hoheitliche Maßnahme zur Regelung eines Einzelfalls, die dem Bürger gegenüber mit Verbindlichkeit ausgestattet ist.

Der Verwaltungsakt ist grundsätzlich an keine Form gebunden. Er kann schriftlich als sog. Bescheid erlassen werden. Er kann mündlich, etwa durch einen Polizisten, erfolgen. Der Erlaß ist sogar durch ein bloßes Zeichen, z.B. ein Verkehrsschild, möglich.

Von der Bedeutung her eine Miniameise ist hingegen der öffentlich-rechtliche Vertrag. Die Behörde kann gem. § 54ff VwVfg ein Verwaltungsverfahren auch mit einem Vertrag beenden. Hier ist allerdings die Schriftform vorgeschrieben (§ 57 VwVfg). Für die Behörde eröffnet sich also die Wahl zwischen VA und Vertrag. Der VA ist superschnell, die Behörde entscheidet einfach. Vertragsverhandlungen sind regelmäßig umständlich und dauern. Die Behörde wird diesen Weg nur bei sehr besonderen Umständen (z.B. große Bedeutung, schwere Rechtslage) gehen.

Die Antwort auf Fall 16 fällt nun leicht. Es handelt sich um einen Verwaltungsakt.

## Widerspruch und Klage
###  Fall 17
Für A. ist der Fall mit dem Abrißbescheid (Fall 16) aber noch nicht zu Ende. Er will die vier Meter Fassade auch abreißen. Wie können Sie ihm helfen?

Sagen Sie wenigstens, welches Gesetz helfen könnte. Blättern Sie in Ihrer Verwaltungsgesetzsammlung!

Am besten wäre natürlich, ein solcher Bescheid wäre nie erlassen worden. Hier hätten vieleicht, ein nichtrechtlicher Tipp, einige sachverhaltsaufklärende Gespräche mit dem Sachbearbeiter im Vorfeld geholfen. Aber zu spät, das Kind ist im Brunnen, jetzt hilft nur noch der Widerspruch. Der Bürger kann sich gegen ihn belastende VA`e zur Wehr setzen, indem er Widerspruch gem. § 68ff Verwaltungsgerichtsordnung (VwGO) einlegt. Er hat dafür in der Regel einen Monat Zeit (§ 70 VwGO). Theoretisch hätte beim Abrißbescheid auch eine entsprechende Rechtsmittelbelehrung vorhanden sein müssen. Fehlte diese, so hätte A sogar ein Jahr Zeit für den Widerspruch (§ 58 VwGO). Die Behörde kann dem Widerspruch selbst gem. § 73 VwGO abhelfen. Sie könnte also, etwa bei besserer Einsicht, den Bescheid gegen den A so erlassen, daß dieser alles abreißen darf. Wenn sie das nicht möchte, dann ergeht ein sog. Widerspruchsbescheid (§ 73 VwGO). Den muß die Behörde selbst - etwa alle Sachbearbeiter zusammen - oder die nächsthöhere Behörde erlassen. Bei Interesse an den Einzelheiten lesen Sie § 73 VwGO.

Gegen den Widerspruchsbescheid ist die Anfechtungsklage innerhalb eines weiteren Monats vor dem Verwaltungsgericht möglich (§ 74 VwGO). Dort dauert es dann natürlich ein wenig. Eine Besonderheit ist noch von Interesse: die Klage bei Untätigkeit der Behörde gem. § 75 VwGO. Die Erfahrung zeigt, daß Behörden nach dem Widerspruch manchmal untätig verharren (möglicherweise weiß keiner, wer zuständig ist). Wenn nach einer angemessenen Zeit nichts passiert ist (mindestens drei Monate), kann der Widerspruchsbescheid übersprungen und gleich die Klage erhoben werden (sie heißt dann nur Untätigkeitsklage).

Der Fall 17 wurde ja schon im Text weitgehend gelöst. A. muß also den langwierigen Weg über Widerspruch und Klage gehen. Finanziell sinnvoll wird nun wohl das Stehenlassen der Teilfassade sein.

## Träger der öffentlichen Verwaltung
### ■■■ Fall 18
A, der Spitzenkandidat einer neuen, aktuell gegründeten Partei möchte in Nordrhein-Westfalen Ministerpräsident werden. Der WDR hat fünf Tage vor der entsprechenden Wahl eine Diskussionsrunde mit dem amtierenden Ministerpräsidenten und seinem Herausforderer aus der zweitgrößten Partei angesetzt. A. ärgert sich sehr, daß er nicht auch

eingeladen wurde. Unglücklicherweise kommt er zu Ihnen und fragt, was man dagegen tun könne. Es sei doch ein öffentlich-rechtliches Fernsehprogramm, da könne man doch bestimmt klagen.

Klagen, Klagen, Klagen, da muß man erstmal wissen, wer oder was der Beklagte juristisch gesehen ist; bei „Öffentlichen" ist dies gar nicht so einfach.

Klagen muß man, wenn keine natürliche Person da ist, gegen juristische Personen (z.B. Firmen). Wenn irgendwo öffentliche Verwaltung „getragen" wird, dann sind entweder die sog. Beliehenen oder die juristischen Personen des öffentlichen Rechts dabei. Kurz zu den Beliehenen: Ausnahmsweise werden hoheitliche Funktionen durch Private (Personen oder Unternehmen) im Auftrag des Staats ausgeübt. Beispiele: der TÜV, die Schornsteinfeger oder die Prüfingenieure für Statik.

Es gibt 3 1/2 juristische Personen des öffentlichen Rechts. Zuerst zu den Körperschaften des öffentlichen Rechts. Teile davon kennen Sie schon, es sind die Gemeinden, die Länder und der Bund. Diese nennt man, weil sie Gebiete vertreten, Gebietskörperschaften. Die anderen heißen Personen- oder Personalkörperschaften, zu ihnen gehören insbesondere die verschiedenen berufsständischen Kammern wie Handwerks-, Ärzte- oder Rechtsanwaltskammern aber auch die Bundesagentur für Arbeit oder die Kirchen.

Als weitere sind die Anstalten des öffentlichen Rechts (AöR) zu nennen. Hier gibt es auch eine „schöne" Definition. Sie sind eine organisatorische Zusammenfassung von sächlichen und persönlichen Mitteln (Vermögen und Verwaltungsapparat) in der Hand eines Trägers der öffentlichen Verwaltung, die einem bestimmten Verwaltungszweck dauernd zu dienen bestimmt ist. Um es kurz zu sagen, so ne Art staatliches Unternehmen mit Aufgaben, die auch etwas Verwaltung enthalten. Beispiele: die Bundesbank, die Sparkassen oder viele Stundentenwerke.

Was bisher dargestellt wurde, sind die selbständigen Anstalten des öffentlichen Rechts. Die Selbständigkeit ist für sie allerdings selbstverständlich, weshalb sie diese in der Regel nicht ausdrücklich dazu sagen. Nun zu der „halben" juristischen Person. Es sind die unselbständigen Anstalten des öffentlichen Rechts. Sie haben für uns, insbesondere für die Daseinsvorsorge, eine erheblich größere Bedeutung als die selbständigen. Sie wirken nach außen wie eine Anstalt, sind anstaltsähnlich ausgegliedert und haben in der Regel eigenes Vermögen, eigenes Personal und ein Eigenverwaltungsrecht. Sie sind allerdings keine eigene juristische Person, sondern Teil eines Verwaltungsträgers, meist einer Körperschaft des Öffentlichen Rechts, etwa einer Gemeinde. Was ist es denn nun spannendes? Na, es sind in der Regel die öffentlichen Krankenhäuser, die Schulen, die Theater, die Museen oder auch die Bibliotheken.

Daneben gibt es noch die Stiftungen des öffentlichen Rechts. In der Regel sind sie mit einem gewissen, häufig bedeutenden Vermögen ausgestattet. Sie haben weder Mitglieder (wie die Körperschaft) noch Benutzer (wie die Anstalt) sondern Nutznießer. Z.T. werden sie als Anstalt betrachtet, jedoch ist der große Unterschied, daß die Zweckbestimmung durch den oder die Stifter im Stiftungsakt mit dauernder Wirkung für die Nachwelt festgelegt ist. Bekannt ist die Stiftung „Preußischer Kulturbesitz" vom 25.7.1957.

Eine Zusammenfassung der juristischen Personen des Öffentlichen Rechts finden Sie in der Übersicht 12.

Zurück zum Eingangsfall 18. Wie würden Sie den WDR einordnen?

Als Stiftung - wohl nichts für die Nachwelt. Als Körperschaft des Öffentlichen Rechts - weder hat es Gebiet, noch haben sich Personen zusammengeschlossen. Als Anstalt - ja! Vermögen und Verwaltungsapparat sind da, und wir, die Fernsehzuschauer, sind die Benutzer. Deswegen heißen die öffentlich-rechtlichen Programmanbieter auch Rundfunkanstalten. Klagen direkt gegen den WDR sind daher vor dem Verwaltungsgericht möglich. Und, was sagen Sie zu den Erfolgsaussichten? Wohl keine: Ein solches TV-Duell ist eine redaktionell gestaltete Sendung und genießt den Schutz der Rundfunkfreiheit gem. Art. 5 Abs. 1 Satz 2 GG. Man könnte sich dort ja auch z.B. herrlich blamieren. Über eine Nichtberücksichtigung bei der Verteilung der kostenlosen Wahlwerbezeiten hingegen ließe sich wohl erfolgreich klagen.

In der Übersicht 13 finden sie eine kurze Gegenüberstellung der Träger der öffentlichen Verwaltung und der juristischen Personen des Öffentlichen Rechts.

## Übersicht 12: Juristische Personen des Öffentl. Rechts

**Körperschaften des Öffentlichen Rechts**

→ **Gebietskörperschaften** z.B. Gemeinden, Länder, Bund

→ **Personen- oder Personalkörperschaften** z.B. berufsständische Kammern (Handwerks-, Ärzte- oder Rechtsanwaltskammern), Bundesagentur für Arbeit, Kirchen

(haben Mitglieder)

**Anstalten des Öffentlichen Rechts**, selbständige

(eine organisatorische Zusammenfassung von sächlichen und persönlichen Mitteln (Vermögen und Verwaltungsapparat) in der Hand eines Trägers der öffentlichen Verwaltung, die einem bestimmten Verwaltungszweck dauernd zu dienen bestimmt ist)

(haben Benutzer)

→ z.B. Rundfunkanstalten, Bundesbank, Sparkassen, viele Studentenwerke

**unselbständige Anstalten des Öffentlichen Rechts**

(anstaltsähnlich ausgeliedert; haben in der Regel eigene Vermögen, eigenes Personal und Eigenverwaltungsrecht juristische Person als Teil eines eigenen Verwaltungsträgers etwa einer Körperschaft)

(haben Benutzer)

→ z.B. viele öffentliche Krankenhäuser, Schulen, Theater, Museen, Bibliotheken

**Stiftungen des Öffentlichen Rechts**

(anstaltsähnlich, mit dem Unterschied, daß die Zweckbestimmung durch den oder die Stifter im Stiftungsakt mit dauernder
Wirkung für die Nachwelt festgelegt ist)

(haben Nutznießer)

➔ z.B. Stiftung Preußischer Kulturbesitz

---

**Übersicht 13: Juristische Personen des ÖR / Träger der
öffentlichen Verwaltung**

|  | Juristische Personen des ÖR | Träger der öff. Verwaltung |
|---|---|---|
| Beliehene (z.B. TÜV) |  | X |
| Körperschaften des ÖR | X | X |
| Anstalten des ÖR, selbständige | X | X |
| unselbständige Anstalten des ÖR | (x)[1] | X |
| Stiftungen des ÖR | X | X |

x[1] Teil einer anderen juristische Person des ÖR z.B. einer Körperschaft

# III. Juristische Arbeitstechnik

## 8. Lektion

### Rechtssprache

Das Handwerkszeug des Juristen sind neben den Gesetzen seine Arbeitstechniken. Mit rechtswissenschaftlichem Arbeiten tastet er sich an die Probleme heran und führt sie zur Lösung. Die Juristen nennen dies auch die juristische Methodenlehre. Ein hervorragender Klassiker dazu ist das Buch von Larenz „Methodenlehre der Rechtswissenschaft". Es wird inzwischen von Canaris weitergeführt. Die kartonierte Studienausgabe ist zwar preislich günstiger, macht sich im Schrank jedoch nicht so gut. Dorthin wird es nämlich regelmäßig versenkt. Das 500 Seiten starke Werk zeigt die Methoden nicht nur sehr umfassend und aufgedröselt auf, es dokumentiert diese zugleich auch in der historischen und personellen Entwicklung.

Hier werden im Folgenden, nach einführenden Ausführungen zur Rechtssprache, die grundlegenden Arbeitstechniken aufgezeigt: Subsumtion (Gesetzesanwendung), Gutachten- und Urteilsstil, Gliederung, Zitate, Literaturverzeichnis, Auslegung von Gesetzen, Ausfüllen von Gesetzeslücken. Daran schließt sich noch je eine Lektion zur Prüfungstaktik und zum Latein im Recht (mit Minilexikon) an.

### Rechtssprache

Als Einstieg zur Rechtssprache ein Fall mit Witz:

### ▬ (Witz-) Fall 19

Zwei Heißluftballon-Fahrer kommen in eine Nebelbank. Als nach einiger Zeit der Nebel weicht, sehen sie unten auf einem Feld einen Spaziergänger und rufen: „Wo sind wir?". Der Spaziergänger sieht hoch und ruft zurück: „In einem Heißluftballon ca. 30 Meter über dem Erdboden". Da sagt der eine Ballonfahrer zum anderen: „Es ist bestimmt ein Jurist. Was er sagt ist 100%ig richtig - aber man kann nichts damit anfangen".

So empfinden es Nichtjuristen oft, so soll es natürlich nicht sein. Aber im Witz sitzt ein Funke Wahrheit. In einer Prüfungssituation hätte man zumindest eine richtige (Start-) Antwort gegeben und gezeigt, daß man den Fall angedacht und analysiert hat und die Elemente kennt. Auch hat die Erfahrung mit Rechtsgesprächen gezeigt, daß man am besten zuerst die gemeinsamen Grundlagen klären sollte, bevor dann später an komplizierter Stelle festgestellt wird, daß diese ungleich sind.

Die Sprache, in geschriebener oder gesprochener Form, stellt das grundlegende Mittel der juristischen Verständigung dar. Zu denken ist etwa an Klausuren oder mündliche Prüfungen im Studium, an prozeßvorbereitende Schriftsätze und mündliche Verhandlungen im Zivilprozeß oder an Anklageschriften und Plädoyers im Strafprozeß.

Wer in Jura gut werden will, muß sich eine entsprechende Rechtssprache aneignen. Da beißt keine Maus einen Faden ab.

Wie kommt man zu einer guten Rechtssprache?

Die Wege sind sicher verschieden. Drei Richtschnüre können Ihnen hier an die Hand gegeben werden. Zum einen ist es sinnvoll, sich da und dort gute Formulierungen abzuschauen. Viele Standardsituationen kommen immer wieder vor, etwa die Schlußfolgerung. Es gibt bestimmt zehn gute Standardformulierungen dazu z.B. „es läßt sich nun schlußfolgern, dass ..".

Wieviele Formulierungen fallen Ihnen hierzu ein?

Als Zweites ist die Sprache nach den allgemeinen Voraussetzungen (Logik, Verständlichkeit, Überzeugungskraft) und den besonderen Anforderungen (Klausur, Urteil, Gutachten etc.) zu strukturieren. Als Drittes ist darauf zu achten, Fehler zu unterlassen. Es gibt einige bekannte Fehler, mit denen man sich herrlich blamieren kann. Diese werden nun zuerst angesprochen.

**Der Weg zur guten Rechtssprache:** Da und dort gute Formulierungen abschauen. Die Sprache nach den allgemeinen Voraussetzungen (Logik etc.) und den besonderen Anforderungen (Urteil, Gutachten etc.) strukturieren. Fehler unterlassen.

Also zuerst zu den Fehlern, später zu den Anforderungen. Der klassische Anfängerfehler sind Bandwurmsätze. Denen liegt der Wunsch zugrunde, alle Zusammenhänge auch zusammen in Kommasätzen vorzutragen. Es finden sich daher sehr viele Wörter wie „also, denn, daher, deshalb, weil" in den Teilsätzen. Trauen Sie dem Leser mehr zu. Er ist in der Lage, seine eigenen inhaltlichen Verknüpfungen zwischen kurzen Hauptsätzen über den Punkt hinweg aufzubauen. Er macht es sogar viel lieber. Mit kurzen Sätzen wird der Text leicht lesbar, überzeugend und frisch. Halt, dies müssen Sie üben! Versuchen Sie für sich einen ganz banalen Sachverhalt in wirklich kurzen Sätzen aufzuschreiben. Kurzes Beispiel: Dies ist ein Stuhl. Er hat vier Beine, eine Sitzfläche und eine Lehne. Haben Sie gemerkt, wie Sie selbst beim Lesen eine gedankliche Brücke über den Punkt gebaut haben? Es funktioniert mit lose aneinandergereihten kürzeren Sätzen!

Nahe bei den unglücklichen Bandwurmsätzen liegen die fast verbotenen Klebewörter. Aha! denkt der Anfänger, keine langen Sätze, dann verbinde ich eben die Sätze mit Klebewörtern. Das schönste Klebewort ist „denn". Denn es paßt immer. Denn es ist so schön kurz. Denn so kann man auch über Punkte Gedankenketten verkleben. Nachdem Sie den Weg zu kurzen Sätzen fanden, verzichten Sie nun auf die Klebewörter. Lassen Sie den Leser einfach seine Brücken selbst bauen. Probieren Sie: Geht es oben im Absatz auch ohne die drei „denn"? Ja, es geht prima, es wirkt frisch und ist viel schneller zu schreiben. Auch die Klebewörter „daher" und „also" sind relativ überflüssig.

Es gibt allerdings Gedankengebilde, in denen der Leser Hinweise für den Brückenbau benötigt, damit sich der Sinn für ihn erschließt. Es ist z.B. das System von Regel und Ausnahme. Hier hilft die „zwar - jedoch" Konstruktion. Zwar sollten Verbindungswörter in der Regel weggelassen werden, jedoch nicht, wenn es etwa um Grundsatz und Ausnahme geht. „Zwar - jedoch" läßt sich mit Komma oder Punkt verwenden. Es funktioniert sogar über ganze Absätze. Gleiches gilt für Aufzählungen. Hier benötigt der Leser Hinweise, wie er die Halbsätze, Sätze oder Absätze gruppieren muß. Wenn es um zwei zu verbindende Bereiche geht, kommt man mit „zum einen - zum anderen" gut weiter. Bei mehr als zwei Punkten helfen etwa die Ausdrücke „zum einen - zum nächsten - zum weiteren - als dritter Punkt - als Sechstes und Letztes" gut weiter. Welche klarstellenden Wörter fallen Ihnen jetzt noch zu Aufzählungen ein?

## Übersicht 14: Tipps zur Rechtssprache

→ Einfache kurze Sätze - keine Bandwurmsätze

→ Keine „denn-Sätze"

→ Regel und Ausnahme verdeutlichen
(etwa mit: zwar - jedoch)

→ Gedankenpaare klar darstellen
(etwa mit: zum einen - zum anderen)

→ Große Aufzählungen veranschaulichen
(etwa mit: zum einen - zum nächsten - zum
weiteren - als dritter Punkt - als Sechstes und Letztes)

→ Abwechslungen in den Satzanfängen

→ Varianten bei häufig wiederkehrenden
Begriffen (Synonyme)

→ Keine starken Worte als Argumentationsstütze
(nicht: zweifellos, selbstverständlich, absolut)

Zu den vermeidbaren, unschönen Schreibformen zählen die regelmäßigen Wiederholungen am Satzanfang. Wer etwa jeden Satz mit „Es ist" beginnt, ermüdet den Leser sehr. Daher sind Abwechslungen bei den Satzanfängen zu suchen. Gleiches gilt für häufig wiederkehrende Begriffe. Wenn etwa ein Auto eine zentrale Rolle spielt, ist es nicht falsch, Synonyme wie „Kraftfahrzeug, Kfz, Personenwagen, PKW, Wagen, Automobil" zur Abwechslung zu benutzen. Es macht den Text interessanter.

Was macht man, wenn einem die Argumente ausgehen?

Man nimmt fast automatisch starke Worte wie „zweifellos", „selbstverständlich" und „absolut". Dies weiß aber der Jurist und denkt: „Starke Worte verraten schwache Argumente". Eine Aussage muß entweder von selbst überzeugen oder aber sie muß begründet werden. Wenn Sie in juristischen Texten das Wort „zweifellos" finden, sollten Sie dort besondere Zweifel haben. Auf starke Worte als Argumentationsstütze ist mithin zu verzichten. Entweder Argumente bringen oder zumindest nicht die Taschenlampe auf Schwächen richten.

Zur reinen Technik zwei kleine Fragen: Es heißt, daß nur der, der mit allen Fingern blind die Tastatur bedient, wirklich schnell und ohne Stress arbeitet. Haben Sie schon das 10-Fingersystem für die Computertastatur erlernt? Und, sind Sie gerüstet für den Beruf? In Anzeigen wird nach diktatfesten Rechtsanwälten gesucht. Nur wer druckreif diktiert, schafft große Mengen guter Texte. Haben Sie schon das Diktieren geübt?

Nun zurück mit einigen Gedanken zum (Witz-) Fall 19. Was hätten Sie auf der Wiese den Ballonfahrern gesagt? Sie befinden sich 10 km von XY-Stadt entfernt? Hätte das etwas genutzt? Nein, um wirklich zu helfen, hätte man rückfragen müssen. Was suchen Sie? Einen Landeplatz? Einen Ort? Oder was? Und das ist eine weitere wichtige Grundregel. Immer erst genau fragen oder notfalls nur nachdenken, sich einfühlen, worum es wirklich geht. Sonst besteht die Chance, dass man hervorragende fehlerfreie juristische Texte formuliert, jedoch völlig an der Sache vorbei.

# 9. Lektion

## Subsumtion, Gutachten- und Urteilsstil

### Subsumtion

Das A und O des juristischen Stils, die Standardtechnik schlechthin, ist die Subsumtion. Die Subsumtion stellt das Grundmuster der Rechtsgewinnung dar; sie scheint mehr oder weniger deutlich bei jeder Rechtsausführung durch.

Das Einstiegsproblem stellt sich wie folgt dar. Sie lesen eine Norm und haben einen Fall. Beides paßt gut zusammen, aber wie schreibt man das nun?

Grundlage ist der syllogistische Schluß, eine altbekannte Denkfigur aus der Logik. Auf dem Weg über Obersatz - Untersatz - Schlußsatz wird eine neue Schlußfolgerung gewonnen. Obersatz und Untersatz, die sog. Prämissen, enthalten einen identischen Begriff. Dieser wird bei der Schlußfolge zum Schlußsatz (Conclusio) weggelassen und es findet sich eine neue logische Aussage. Das Schulbeispiel:

Obersatz:    Alle Menschen sind sterblich.
Untersatz:   Sokrates war ein Mensch.
Schlußsatz:  Also war Sokrates sterblich.

Das können Sie auch. Nennen Sie jetzt drei solche Schlußfolgerungen außerhalb des Rechts!

Dieser syllogistische Schluß wurde auf die kompliziertere Rechtsanwendung übertragen. Bei der Rechtsanwendung wird geprüft, ob eine Norm einen bestimmten Lebenssachverhalt trifft oder nicht, bzw. ob sich ein Lebenssachverhalt, ein historisches Geschehen, unter eine Norm unterordnen läßt oder nicht. Unterordnung heißt lateinisch Subsumtion. Da es also nicht nur um die allgemeine Form der syllogistischen Schlußfolgerung geht, sondern um die besondere Form der (juristischen) Unterordnung, entwickelte sich hierfür der Begriff Subsumtion. Die Subsumtion wird allgemein als überzeugend angesehen und daher regelmäßig angewendet.

Also nochmal: Die Subsumtion betrifft das Zusammenbringen von Norm und Lebenssachverhalt. Läßt sich die Norm auf das zu beurteilenden historische Ereignis anwenden oder nicht?

Eigentlich sind sich alle Juristen einig. Ob die juristische Subsumtion jedoch in drei, vier oder fünf Schritten zu erfolgen habe, wird unterschiedlich gesehen. Hier werden vier Schritte vorgestellt. Wenn Sie an anderer Stelle eine andere Zahl lesen, ist dies eine Frage der Definition, etwa ob Schritte zusammengezogen oder geteilt dargestellt werden.

Die vier Schritte zum Glück:

Begriff ⟶ Definition ⟶ Subsumtion der Tatsachen ⟶ Ergebnis

Diesen Weg muß man mit geeigneten Worten folgen, um zu überzeugen. Dazu ein Lernbeispiel:

Es geht Ihnen um § 985 BGB, und dort um den Begriff Sache. Eine Definition finden Sie in § 90 BGB. Beides nachschlagen! Ihnen geht es um die Frage, ob ein Stuhl eine Sache ist.

Die vier Schritte

– Begriff: Sache (aus § 985 BGB)

– Definition: Sachen im Sinne des Gesetzes sind nur körperliche Gegenstände (aus § 90 BGB)

– Subsumtion der Tatsachen: Ein Stuhl (Lebenssachverhalt) ist erfahrungsgemäß eine Gegenstand, den man anfassen kann, also ein körperlicher Gegenstand

– Ergebnis: Ein Stuhl ist eine Sache gem. § 985 BGB

Jetzt denken Sie nicht, das weiß doch jeder. Natürlich, aber daher ist es ein geeignetes Beispiel, um das Subsumieren zu erklären. Jetzt halten Sie bitte das Weitere zu und schreiben die Subsumtion vom Stuhl in einem fießenden Text, wie man es tatsächlich braucht!

Zum Beispiel so: Es stellt sich die Frage, ob der Stuhl des A. eine Sache gem. § 985 BGB ist. Sachen im Sinne des Gesetzes sind nur körperliche Gegenstände (§ 90 BGB). Ein Stuhl ist erfahrungsgemäß eine Gegenstand, den man anfassen kann, also ein körperlicher Gegenstand. Der Stuhl des A. ist mithin eine Sache gem. § 985 BGB.

So ist das mit der Subsumtion. Schon der sehr kurze Paragraph 985 BGB beinhaltet allerdings drei weitere Begriffe, auch Tatbestandsmerkmale genannt, die zur Rechtsanwendung der Norm per Subsumtion durchgeprüft werden müssen. Welche sind es? Lesen Sie dort nach! Es sind „Eigentümer", „Besitzer" und „Herausgabe".

Durchprüfen müssen Sie - theoretisch gesehen - alle Tatbestandsmerkmale einer Norm! Dies wird aber - wie Sie sich denken können - sehr umfassend. Jetzt kommt ein neuer Begriff ins Spiel, die Evidenz. Evident heiß „offenkundig und klar ersichtlich, offen zu Tage liegend, überzeugend, offenbar". Was evident ist, braucht deshalb natürlich nicht subsumiert zu werden. Was auf der anderen Seite wirklich schwierig und fragwürdig ist, muß über Absätze oft langwierig subsumiert werden.

Es steht Ihnen bei der Subsumtion mithin der volle Fächer der Möglichkeiten zur Verfügung. Ganz evidente Dinge, etwa dass ein Stuhl eine Sache ist, können sie weglassen bzw. einfach als klar einfließen lassen. Ein Schritt weiter wäre die bloße Feststellung. Dann folgt etwa das Subsumieren in nur einem Satz, dann in mehren kurzen Sätzen, dann in langen schwierigen Sätzen, dann in Absätzen und möglichwerweise auch über Seiten.

Die große Kunst der Subsumtion besteht darin, die Ausführlichkeit festzulegen. Es ist ein Abwägen nach dem Grundsatz der Notwendigkeit und der geforderten Ausführlichkeit. Ein richtig strukturierter Text enthält also an den richtigen Stellen die ausführliche, eingehende Subsumtion und entsprechend an den vielen mehr oder weniger evidenten Stellen die kurzen Fassungen oder Andeutungen der Subsumtion. Die kleine Kunst ist also die Subsumtion selbst, der konkrete Schrittablauf - die große Kunst ist zu wissen, wie ausführlich diese jeweils werden darf. Dazu der Leitsatz 15.

## Leitsatz 15

**!**

**Subsumtion**

Subsumtion ist die Anwendung des Rechts mit dem Ziel festzustellen, ob eine Norm auf den Lebenssachverhalt anzuwenden ist oder nicht. Sie erfolgt in den vier Schritten:
Begriff -> Definition -> Subsumtion der Tatsachen -> Ergebnis.
Evidente Sachverhalte brauchen nicht subsumiert zu werden, komplizierte Fragestellungen müssen um so ausführlicher subsumiert werden. Es gilt der Grundsatz der Notwendigkeit.

Nachdem die Subsumtion nun so hoch gelobt wurde, nochmals eine Einordnung. Die Subsumtion ist eine reine juristische Vorgehenstechnik - sie löst nichts - sie erschafft auch keine Weisheiten.

## Gutachten- und Urteilsstil

Der Jurist kennt zwei Stile, in denen er schreiben kann. Es handelt sich um den Gutachtenstil und den Urteilsstil. Beide muß ein Jurist beherrschen, es ist absoluter Standard.

Der Gutachtenstil bedeutet, eine Frage aufzuwerfen, diese zu erörtern und zu beantworten. Man fängt mit einer Fragestellung an: „Könnte A einen Mord an der B. begangen haben?", erörtert dies über Seiten, etwa mit einigen Subsumtionen und kommt dann zum Ergebnis: „A. hat die B. ermordet." Es funktioniert natürlich auch im Kleinen. Beispiel: „Es stellt sich die Frage, ob ein Cockerspaniel eine Sache ist. Cockerspaniel sind als Tiere einzuordnen. Tiere sind gem. § 90a Satz 1 BGB keine Sachen. Cockerspaniel sind daher nicht als Sache zu qualifizieren."

Im Urteilsstil wird hingegen das Ergebnis an den Anfang gesetzt. Es folgt dann die Begründung in bestimmenden Sätzen. Beispiel: „Cockerspaniel sind keine Sachen. Cockerspaniel sind Tiere. Tiere sind gem. § 90a Satz 1 BGB keine Sachen." Jetzt noch einen Abschlußsatz anzuhängen: „Nach alledem sind C. keine S.", gilt fast schon als falsch. Wenn Sie ein Urteil zur Hand haben, lesen Sie es jetzt. Sehen Sie, es geht immer von der Behauptung zur - hoffentlich guten - Begründung runter. Dabei ist das Urteil natürlich geschachtelt, etwa in übergeordnete und untergeordnete Behauptungen. Es können natürlich auch Zurückweisun-gen der Behauptungen sein: „Der Beklagte kann sich nicht darauf berufen, daß ...".

Wann nimmt man nun den einen oder den anderen Stil? Ist doch klar, denken Sie: den Urteilsstil für Urteile und den Gutachtenstil für alles Gutachtenähnliche. Fast richtig. Urteile im Urteilsstil ist OK, aber Gutachten komplett im Gutachtenstil zu schreiben, ist nicht durchzuhalten. Es wäre viel zu komplex. Der Gutachtenstil ist für die Gliederung, für die Fragestellungen, um mitzuteilen, was man zu prüfen gedenke und für die wirklichen Probleme. Im übrigen, und dies ist weitaus das Meiste, findet auch im Gutachten der Urteilsstil Anwendung. Alle Teile, die nicht begründet werden, in denen z.B. nicht das Wörtchen „weil" auftaucht, werden im Urteilsstil geschrieben. Dies ist nicht wirklich ein Problem, man muß es sich nur klar machen, um nicht beim Gutachten zu stolpern.

# Leitsatz 16

**!**

**Gutachten- und Urteilsstil**

Gutachtenstil heißt, eine Frage aufwerfen, diese erörtern und beantworten. Im Urteilsstil wird das Ergebnis an den Anfang gesetzt und im Folgenden begründet. Im Gutachten bleibt der Gutachtenstil den Problemen vorbehalten, alles Unproblematische, nicht zu Begründende, wird auch dort im Urteilsstil abgehandelt.

Gutachtenstil heißt, eine Frage aufwerfen, diese erörtern und beantworten. Im Urteilsstil wird das Ergebnis an den Anfang gesetzt und im Folgenden begründet. Im Gutachten bleibt der Gutachtenstil den Problemen vorbehalten, alles Unproblematische, nicht zu Begründende, wird auch dort im Urteilsstil abgehandelt.

## 10. Lektion

### Gliederung, Zitate, Literaturverzeichnis

### Gliederung

Die Gliederung ist ein starkes Werkzeug, um einen Text verständlicher zu machen. Es ist deshalb sinnvoll, eigentlich sogar Pflicht, umfangreiche Texte zu gliedern. Dies gewährleistet, dass die gewählten Gedankenstrukturen sich besser nachvollziehen und damit vermitteln lassen.

Die althergebrachte Gliederung, die Buchstaben/Zahlen-Gliederung, beginnt mit großen Buchstaben „A), B), C)" und römischen Zahlen „I., II., III.". Sie wird mit arabischen Ziffern „1., 2., 3." fortgesetzt. Es folgen kleine Buchstaben zunächst einfach „a), b) c)", dann doppelt „aa), bb), cc)" und als Letztes doppelt geklammerte Zahlen „(1), (2), (3)". Wer möchte und wessen PC- Tastatur es hergibt, kann noch in das griechische Alphabet wechseln. Eine sehr intensive Gliederung spricht jedoch entweder für eine Habilitation oder für ein Totgliedern bis zu Unverständlichkeit.

Neben der dargestellten Buchstaben/Zahlen-Gliederung ist seit langem auch die Gliederung nach dem Dezimalsystem im Vordringen. Sie beginnt mit 1., 2. oder 3. und wird dann verlängert mit weiteren Zahlen und Punkten. Beispiele sehen etwa wie folgt aus: „1.2.4, 11.3.9.5 oder 3.6". Gesprochen wird das Dezimalsystem bei einer Zahl als z.B. „Drittens" und bei mehren Zahlen als z.B. „Eins-Punkt-Zwei-Punkt-Vier". Bei mehreren Zahlen kommt daher kein Punkt ans Ende!

Welches der zwei Gliederungssysteme man nimmt ist Geschmackssache. Sie können auch das Buchstaben/Zahlen-System nach Ihren Ideen abwandeln. Auf einen Nachteil des Dezimalsystems soll allerdings hingewiesen werden. Wenn sich der Autor zum Ende entscheidet, etwa noch einen neuen Punkt 2. zu erstellen, so müssen alle nachfolgenden Punkte (und nicht nur die der entsprechenden Ebene) neu bezeichnet werden. Vielleicht kann das aber auch schon der Computer selbstständig.

Beide Gliederungssysteme finden sich in der Übersicht 15 nochmals zur Verdeutlichung dargestellt.

## Übersicht 15: Vorschläge für Gliederungspunkte

**Das Buchstaben/Zahlen-System**

A)
B)
    I.
    II.
        1.
        2.
            a)
            b)
                aa)
                bb)
                    (1)
                    (2)

Jeder Gliederungspunkt hat also nur eine kurze Bezeichnung z.B. "hh)". Die konkrete Einordnung ergibt sich aus dem Inhaltsverzeichnis.

**Das Dezimalsystem**

1.
2.

  1.1
  1.2

    1.1.1
    1.1.2

      1.1.1.1
      1.1.1.2

        1.1.1.1.1
        1.1.1.1.2

          1.1.1.1.1
          1.1.1.1.2

Beispiel: auf 4.12.3.8 folgt 4.12.3.9 oder 4.12.4 oder 4.13 (Je nachdem, ob neue Unterpunkte oder neue Ebenen angefangen werden.). Aus dem Unterpunkt 3.5.7 läßt sich also direkt auf die Überschrift der entsprechenden ersten Ebene schließen (hier 3.). Bei mehreren Zahlen kommt kein Punkt an das Ende.

Sie können sich auch noch entscheiden, ob Sie mit oder ohne Überschriften gliedern. In Urteilen findet man z.B. sehr selten Überschriften. In Klausuren freut sich der Prüfer schon über jede Gliederung. Durch die Wahl von Formulierungen für die einzelnen Überschriften verlöre man wohl auch zuviel Zeit. Aufsätze sind mit und ohne Überschriften sinnvoll. In Fachbüchern finden sie sich sicher immer. Wenn Sie Überschriften nehmen, so sollten diese stilistisch einheitlich formuliert werden und natürlich dem Inhalt entsprechen. Sie sollten am besten den Hauptgedanken zum Ausdruck bringen.

Die Gliederungssysteme sind eigentlich sehr einfach. In der konsequenten Anwendung liegen jedoch Probleme. So wird oft ein Klassifikationssystem nicht einheitlich durchgezogen (Auf „A) IV.“ folgt „A) 5.“ oder „A) bb)). Manchmal findet man auch Gliederungspunkte ganz einzeln. Hier findet der Satz, wer „A“ sagt, muß auch „B“ sagen, eine zweite Bedeutung. In einer Gliederungsebene müssen immer mindestens 2 Punkte vorkommen, sonst wäre es ja keine Aufgliederung.

## Zitate

### ■ Fall 20

Auf dem Weihnachtsmarkt am Glühweinstand treffen Sie nichtsahnend Ihren kürzlich geschiedenen Bekannten aus dem Englischkurs. Seine Freundin hat einen kurzen Artikel in der „Welt der Frau" gelesen, wonach er viel weniger für seine Ex zahlen müsste. Er hat den Artikel unglücklicherweise sogar als Ausschnitt dabei und versteht dort die Angabe „OLG Rostock, NJW 07, 3907" nicht. Sie sollen helfen!

Zitate sind Ihnen sicher bekannt. In vielen Lehrbüchern, Aufsätzen und Kommentaren wimmelt es nur so von Zitaten. Der Jurist darf Gedanken abschreiben. Es ist geradezu das wissenschaftliche Arbeiten schlechthin, Gedanken anderer aufzugreifen und zu bearbeiten. Stehlen darf man sie jedoch nicht. Der Unterschied liegt darin, daß man ausdrücklich erklärt, woher man sie hat. Mit Zitaten läßt sich zum Beispiel aufzählen, wer anderer Ansicht und wer noch der eigenen Auffassung ist. Zitate eröffnen zudem dem Leser die Möglichkeit, die Auseinandersetzung zu verfolgen und selbst anhand der zitierten Literatur tiefer in ein Forschungsgebiet einzudringen.

Ein Zitat muß daher so beschaffen sein, daß der Leser das Original finden kann. Dies ist die entscheidende Aufgabe. Hieran müssen sich die vielfältigen Möglichkeiten des Zitierens ausrichten. Die einfachste Möglichkeit des Zitierens ist, die Klammer zu öffnen und alles hineinzuschreiben z.B (Dorndorf, Eberhard, Sozialplan im Konkurs, Baden-Baden 1978, S. 25). Einmal geht es noch, aber wenn es vier Zitate sind, dann ist die Klammer 5 mal länger als der Text und der Leser verliert den Zusammenhang. Der erste Trick ist die Fußnote. Im fließenden Text findet sich nur eine hochgestellte Zahl z.B. „21", und unten auf der Seite oder am Ende finden sich kleiner geschrieben dazu die ganzen Fundstellen. Der zweite Trick betrifft Wiederholungen. Wenn das gleiche Buch mehrmals zitiert wird, schreibt man „aaO" (am angegebenen Ort) und nur die Seitenzahlen, also z.B. „Dorndorf, aaO, S. 29". Als dritten Trick gibt es für Zeitschriften schöne Abkürzungen, wie z.B. NJW für „Neue Juristische Wochenschrift". Zitiert sieht das dann z.B. wie folgt aus „Kröger, NJW 2007, 3899". Es ist dabei angenehm, dass die juristischen Zeitschriften die Seiten für das Jahr durchnumerieren und nicht etwa für die Ausgabe. Die Abkürzungen werden von den Zeitschriften in der Regel selbst gewählt (ggf. gleich als Titel oder als Zitiervorschlag im Impressum). Nicht ganz aktuelle Abkürzungen findet man auch in dem von Kirchner gegründeten Buch "Abkürzungen für Juristen". Ansonsten hilft auch das Internet weiter.

Man kann jedoch nicht nur Literatur, sondern auch Urteile zitieren. Für viele haben Urteile sogar eine größere Schlagkraft. Urteile selbst sind glücklicherweise sehr kurz zu zitieren. Man nimmt das Gericht und den Fundort der Zeitschrift, z.B. „BGH, NJW 2007, 3905". Zum Teil wird die Seitenzahl aufgesplittet in den Urteilsbeginn und die tatsächliche Seite z.B. „BGH, NJW 2007, 3903 (3905)". Wer genauer sein will, kann noch das Entscheidungsdatum angeben und für den Fall, daß es zwei Entscheidungen am gleichen Tag gab, das Aktenzeichen. Es wird aber sehr selten gemacht. In Urteilen selbst wird nur im Text, also ohne Fußnoten zitiert. Meist werden auch nur andere Urteile angeführt, so daß dies entsprechend kurz bleiben könnte. Der BGH ärgert die Leser trozdem hin und wieder mit Zitatansammlungen über drei Zeilen.

Es sind immer die neuesten Auflagen zu zitieren. Beim Palandt z.B. immer die Auflage des aktuellen Jahres. Wer nicht immer alle aktuellen Auflagen zu Hand hat, kann sich auch gut in den Veröffentlichungen der Verlage und Büchereien über Neuerscheinungen und lieferbare Bücher orientieren. Einen Blick in die neuste Auflage sollten Sie allerdings nicht vergessen. Möglicherweise hat sich ja doch etwas geändert.

Zitiert wird immer der Autor. Bei Büchern und Aufsätzen ist dies meist einfach. An Kommentaren arbeiten jedoch häufig sehr viele Mitarbeiter, wobei jedoch nur einer der Namensgeber ist z.B. beim BGB-Kommentar Jauernig. Wer hier die Gedanken dem Richtigen zuordnen will, zitiert zuerst den Namensgeber und dahinter mit Bindestrich den Bearbeiter z.B. Jauernig-Mansel.

Manchmal muß man auch aus kopierten Seiten zitieren. Bei neueren Aufsätzen ist dies kein Problem, da alle Angaben auf den Seiten wiederholt werden. Bei Büchern oder Kommentaren ist dies allerdings fast unmöglich, es sei denn, man hat auch die ersten Seiten inkl. Einband mitkopiert. Dies wird hiermit empfohlen.

Zurück zum Fall 20: Nun können Sie erklären was (OLG Rostock, NJW 07, 3907) heißt. Die „Welt der Frau" beruft sich auf eine Entscheidung (Urteil oder Beschluß) des Oberlandesgerichts Rostock. Diese wiederum findet sich in der Zeitschrift „Neue Juristische Wochenschrift" aus dem Jahr 2007 und dort auf der Seite 3907 veröffentlicht.

## Leitsatz 17

**!**

**Zitate**

Zitate sind das juristische Werkzeug, um sich (zustimmend oder ablehnend) mit der Ansicht anderer auseinanderzusetzen. Es wird sowohl Literatur als auch Rechtsprechung zitiert. Zur Verkürzung und besseren Lesbarkeit des Textes helfen Fußnoten und allgemein bekannte Abkürzungen. Es haben sich Zitierregeln herausgebildet. Diese können sinnvoll abgewandelt werden, solange sie den Zweck des einfachen Auffindens des Originals erfüllen. Es sind immer die neusten Auflagen zu zitieren.

## Literaturverzeichnis

Einer umfassenderen juristischen Arbeit ist ein Literatur- oder Fundstellenverzeichnis beizufügen. Es faßt die gesamte genutzte Literatur (und nur die!) für den Leser zusammen. Er erhält so einen Überblick, womit sich der Verfasser der wissenschaftlichen Arbeit auseinandergesetzt hat. Zudem wird der Weg von der kurzen Fundstelle im Text zur konkreten, umfassenden Angabe schneller. Der interessierte Leser muß die Fußnote nur kurz vorn (oder selten hinten) nachschlagen.

Das Literaturverzeichnis ist alphabetisch (nach Nachnamen) zu sortieren. Es ist auch möglich, das Literaturverzeichnis in Bücher, Aufsätze und Kommentare -in dieser Reihenfolge- zu ordnen. Normalerweise werden jedoch alle Bereiche gemeinsam, eben dem Alphabet nach, aufgelistet. So braucht der Leser nur einmal zu suchen.

## Übersicht 16: Angaben im Literaturverzeichnis

### a) Bücher

- Autor mit Zunamen, Vornamen (ohne Titel)
- ggf. zweiter Autor mit Zunamen, Vornamen; bei mehr als zwei Autoren nur der Zusatz „u.a."
- Titel des Buchs (Untertitel, Angaben über den Band)
- Auflage (ab der 2. Auflage)
- Erscheinungsort
- Erscheinungsjahr

Beispiel: Schaub, Günter, Arbeitsrechts-Handbuch, XY. Auflage, München 20XX

### b) Aufsätze

- Autor mit Zunamen, Vornamen (ohne Titel)
- ggf. zweiter Autor mit Zunamen, Vornamen; bei mehr als zwei Autoren nur der Zusatz „u.a."
- Titel des Aufsatzes
  (in Zeitschriften:)
  - Kürzel der Zeitschrift
  - Erscheinungsjahr
  - Seitenzahl
  (in Festschriften:)
  - Titel der Festschrift
  - Erscheinungsort
  - Erscheinungsjahr

Beispiel: Hoffmann, Karl, Zur Stellung des Bundespräsidenten, NJW, 20XX, S. 38XX

### c) Kommentare

- Titel des Kommentars in erklärender zusammenfassender Form (oft Hauptautor und Gesetz, was eben fett auf dem Einband steht)
- Auflage (ab der 2. Auflage)
- Erscheinungsort
- Erscheinungsjahr

Beispiele: Münchener Kommentar zum BGB, XY. Auflage, München 20XX
Palandt, Bürgerliches Gesetzbuch, XY. Auflage, München 20XX
Zöller, Zivilprozeßordnung, XY. Auflage, München 20XX

Das Literaturverzeichnis ist durchgängig alphabetisch zu ordnen. Die Angabe des Erscheinungsorts wird noch gern gemacht, ist jedoch nicht mehr obligatorisch.

Allerdings ist es leicht gesagt, daß es alphabetisch nach den Nachnamen geht. Die Probleme kommen z.B. bei den großen bekannten Büchern. Wo ist bitte beim Münchener Kommentar der Nachname? Es ist daher im Einzelfall genau zu überlegen. Hinweise für die Aufnahme ins Literaturverzeichnis finden sich, unterschieden nach Büchern (Lehrbüchern), Aufsätzen in Zeitschriften oder Festschriften und Kommentaren in der Übersicht 16.

Ausschlaggebend ist dabei nicht, daß das Schema der Übersicht 16 eins zu eins umgesetzt wird. Es ist möglich, aber auch Abänderungen wären nicht unrichtig, solange die Verständlichkeit und der Zweck des Auffindens nicht leiden. Wichtig ist jedoch, daß ein System durchweg konsequent beibehalten wird.

## 11. Lektion

### Gesetze auslegen und ausfüllen

Bisher wurden die eher einfachen juristischen Techniken zur Rechtssprache behandelt. Nun geht es zum Eingemachten, zu den juristischen Feinwerkzeugen, zu den Auslegungsregeln und den Problemen bei Regelungslücken.

### Auslegung von Normen

Hin und wieder trifft man beim wissenschaftlichen Arbeiten auf unklare Rechtsnormen bzw. einzelne unklare Tatbestandsmerkmale. Dem Anfänger ist häufig alles unklar; dies ist jedoch hier nicht gemeint. Manchmal, etwa in neuen Gesetzen oder in selten angewendeten Normen, finden sich tatsächlich nicht eindeutige oder nicht schon längst geklärte Formulierungen in Rechtsnormen. Dann greift der Jurist zu den vier wissenschaftlichen Auslegungskriterien: Grammatische Auslegung, Systematische Auslegung, Historische Auslegung und Teleologische Auslegung.

Der Auslegungsweg beginnt mit der Grammatischen Auslegung. Als Erstes ist zu fragen: Hilft der Wortlaut weiter? Läßt sich aus dem grammatischen Zusammenhang, aus der Ausdrucksweise des Gesetzgebers der Sinn erschließen? Hierbei ist vom allgemeinen Sprachgebrauch, von der üblichen Rechtssprache oder von der Ausdrucksweise des speziellen Gesetzgebers auszugehen. Möglicherweise existieren auch besondere technische Ausdrücke. Die Frage ist also, lassen sich irgendwie aus dem Wortlaut des Problemausdrucks selbst oder aus den Formulierungen der gesamten Norm Schlüsse zur Klärung ziehen.

Als Nächstes ist die Systematische Auslegung in Betracht zu ziehen. Hier wird erstens die Stellung der Norm im Gesetz und zweitens die des Gesetzes innerhalb der Rechtsordnung untersucht. Wenn eine Norm also z.B. im Allgemeinen Teil eines Gesetzes steht, ist sie anders zu beurteilen, als wenn sie im Besonderen Teil stünde. Wenn weiterhin z.B. das entsprechende Gesetz aus dem Strafrecht stammt, ist es anders auszulegen, als wäre es aus dem öffentlichen Recht. Eine dritte Untersuchungsgrundlage ist hier die Annahme, daß eine zusammenhängende Norm grundsätzlich in sich keinen Widerspruch aufweist. Es geht also um die Frage, ob aus dem rechtlichen Zusammenhang eine Lösung zwingend ist.

Eine kleine Zwischenbilanz nach zwei Auslegungsuntersuchungen. Es gibt theoretisch jetzt schon sechs mögliche Ergebnisse: zweimal kein Ergebnis, zwei gleiche Ergebnisse, zwei ungleiche Ergebnisse oder zweimal nur ein Ergebnis. Interessant ist der Konfliktfall. Hier müßten Sie werten und etwa zu dem Ergebnis kommen, daß die grammatikalische Auslegung unrichtig ist und es sich aus dem Zusammenhang ergibt, daß der Gesetzgeber etwa „muß" statt „soll" hätte schreiben müssen.

Mit der dritten Methode, der historischen Auslegung, geht es richtig wissenschaftlich zur Sache. Es geht um die historische Entstehungsgeschichte der Norm. Läßt sich aus der Entstehung noch ableiten, was der Gesetzgeber eigentlich gewollt hat? Hier werden Materialien aus der Entstehungszeit benötigt. So schwer ist dies heute nicht mehr. Aktuelle Gesetzesvorhaben werden regelmäßig schriftlich begründet. Die Texte finden sich z.B. im Bundesgesetzblatt. Zum ursprünglichen BGB findet sich vieles bei Mugdan, Gesamte Materialien zum BGB, 1899. Zum Grundgesetz werden die Materialien von Schneider zusammengetragen (Das Grundgesetz. Dokumentation seiner Entstehung). Wenn sich in den Entstehungsdokumenten etwas findet, hat man zumindest schon mal ein handfestes Argument.

Die letzte und beliebteste Methode ist die Teleologische Auslegung. Es ist die Auslegung nach dem Zweck der Norm. Welchen Zweck soll die Norm erfüllen? Aha - dann muß sie soundso ausgelegt werden. Da sich jeder schnell einen Zweck zaubern kann, ist die Teleologische Auslegung einfach und problemlos anzuwenden. In der Gewichtung kann man damit sogar die ersten drei Auslegungsregeln totschlagen. Die Praxis der Rechtswissenschaft hat gezeigt, daß sehr sehr viele Ausführungen letztendlich auf die Teleologische Auslegung bauen.

Ganz so flach ist die Sinn- und Zweckbestimmung der Teleologischen Auslegung natürlich nicht. Es sind die Aspekte der Rechtssicherheit, Gleichbehandlung, Ausgewogenheit oder Sachgemäßheit der Regelung zu beachten. Zudem ist die Frage der Verfassungskonformität sowie bei Gesetzen auf EG-Basis, die der EG-Richtlinienkonformität mit einzubeziehen. Auf der Suche nach dem Sinn der Einzelvorschrift und deren besonderem Zweck besteht auch noch die Möglichkeit, subjektiv nach den damaligen Vorstellungen des Gesetzgebers oder objektiv nach den heutigen mit dem Gesetz zu verbindenden Vorstellungen zu forschen.

# Leitsatz 18

**!**

### Auslegung von Gesetzen

Zur Auslegung von Rechtsnormen werden vier verschiedene Methoden angewendet:

– Grammatische Auslegung (aus dem Wortlaut)
– Systematische Auslegung (aus dem rechtlichen Zusammenhang)
– Historische Auslegung (aus der historischen Entstehung)
– Teleologische Auslegung (aus dem Sinn und Zweck)

## Ausfüllen von Gesetzeslücken

Bei der Vorstellung der juristischen Feinmechanik wird jetzt sozusagen der Höhepunkt, die Kür vorgestellt: das Ausfüllen von Lücken im Gesetz. Gesetzeslücken können auf verschiedenen Wegen entstehen. Hin und wieder hat der Gesetzgeber versehentlich Fälle offengelassen. Es kommt auch vor, daß er dies absichtlich macht, damit die Gerichte sie lösen. Auch die Entwicklung bringt es mit sich, daß Lücken entstehen. So war die Einführung des öffentlichen Fernsehens 1952 eine neue Entwicklung, deren Problematiken in den damaligen Gesetzen, insbesondere im Urheberrecht, nicht berücksichtigt worden waren.

Die Hauptlösung bei Gesetzeslücken findet sich in der Analogie, der analogen Anwendung von geeigneten Normen. Die geeignete Norm muß sich einerseits unterscheiden, andererseits jedoch so ähnlich sein, daß die Zuordnung der Rechtsfolge sachlich berechtigt erscheint. Daraus ergeben sich zwei Voraussetzungen. Zum einen muß tatsächlich eine Lücke vorliegen. Die vier oben aufgezeigten Auslegungsregeln dürfen also nicht mehr greifen. Zum zweiten setzt die Analogie die genügende Ähnlichkeit der beiden betreffenden Normen bzw. Tatbestände voraus. Die Analogie beruht daher letztlich auf dem Gerechtigkeitsgebot, Gleiches gleich zu behandeln. Wie schon im Strafrecht dargestellt, darf die Analogie nicht zu Lasten des Täters geführt werden (§ 1 StGB).

Ein kleines Licht neben der Analogie ist der Umkehrschluß. Er betrifft jene besonderen Fälle, in denen eine Norm zwar einem bestimmten Tatbestand eine bestimmte Rechtsfolge zuordnet, zu dem entgegengesetzten Tatbestand jedoch keine Aussage trifft. Daraus erfolgt im Umkehrschluß (auch Gegenschluß, argumentum e contrario) die Konsequenz, daß im Falle des gegengesetzten Tatbestands auch die entgegengesetzte (nicht die gleiche) Rechtsfolge eintreten soll. Ein nichtjuristisches Beispiel: Wer einmal lügt, dem glaubt man nicht. Umkehrschluß: Wer nie lügt, dem glaubt man.

## Leitsatz 19

**Ausfüllen von Gesetzeslücken**

Gesetzeslücken werden grundsätzlich durch analoge Anwendung schon vorliegender Normen geschlossen. Zu prüfen ist erstens, ob wirklich eine Lücke vorliegt, und zweitens, ob eine genügende Ähnlichkeit der beiden betreffenden Normen bzw. Tatbestände vorhanden ist. Einige wenige Lücken lassen sich auch durch den Umkehrschluß einer vorhandenen Norm dahingehend schließen, daß eben bei gegenteiligem Tatbestand auch die gegenteilige Rechtsfolge eintreten muß.

Wenn Sie ganz frei nachdenken können, wenn Sie sozusagen gedanklich neues Recht schöpfen dürfen, hilft bei der Gesetzesauslegung oder -füllung auch der Rechtsvergleich. Die rechtsvergleichende Auslegung ist eigentlich keine richtige Auslegung, sondern der Blick über den Tellerrand in die anderen Rechtssysteme, häufig ins französische oder US-amerikanische Recht. In unserer Zeit der internationalen Verflechtung von Politik, Wirtschaft und Verkehr sind die gesellschaftlichen Verhältnisse und die rechtlich zu lösenden Probleme vieler Länder ähnlich. Wenn andere Länder schon Lösungen haben, warum sollen wir diese nicht übernehmen? Wenn andere Länder schon Jahre Erfahrung mit einer Regelung haben, wieso sollen wir davon nicht profitieren?

# 12. Lektion

## Prüfungstaktik

### Vorbereitung

Die Prüfung beginnt mit der Vorbereitung. Welche Taktik soll man hier empfehlen? Der Eine schwört auf Unmengen von Vitamin C, der Nächste auf nur 3stündiges Lernen je Tag und empfiehlt, unwichtige Vorlesungen vor Prüfungen ausfallen zu lassen; ein Dritter verweist auf die mit Tierversuchen belegten Lerntheorien, etwa auf Pawlows Hunde, wonach das Lernen mit Reflexen (gleiche Kleidung, genau bestimmtes Arbeitsmaterial etc.) sehr hilft. Alles ist richtig und alles ist falsch. Sie müssen die für sich richtige Methode suchen und finden. Nur Sie können sich durch Versuch und Irrtum an den für Sie richtigen Lernweg heranarbeiten.

Kurz jenes, was sich allgemein als richtig herausgestellt hat. Das Vorbereiten, das Lernen braucht Zeit. Wer keine Zeit investiert und bis zur Prüfung ohne Bücher nach Florida fliegt, wird wohl kaum gut abschneiden. Planen Sie genügend Lernzeiten in den Tages-, Wochen- oder Monatsablauf ein.

Der Mensch braucht einen geregelten Ablauf. Wer zur großen Prüfung alles ändert, neues Essen, neue Wohnung, neuer Arbeitsplatz, neue Kontaktpersonen oder neue Lernzeiten, der wird kaum genügend Muße und innere Ruhe zur hinreichenden Prüfungsvorbereitung finden. Führen Sie auch in Vorbereitungszeiten ihr normales Leben entsprechend weiter.

Wir alle brauchen Erholungsphasen. Wer einen 16-Stunden-Lerntag an den nächsten hängen will, wer Wochen durchlernen will, der läuft sich fest. Sehr bald kann man überhaupt nichts mehr aufnehmen. Nehmen Sie sich - je nach Länge der Vorbereitung - freie Stunden oder Tage und genießen Sie diese schöne Freizeit ohne Reue. Belohnen Sie sich damit für die langen Lernzeiten, sehen Sie es als schöpferische Pause an.

Wenn Sie Bücher über das Lernen suchen: Hülshoff, Mit Erfolg studieren; Leitner, So lernt man richtig. Aber das eingangs Gesagte soll nochmals wiederholt werden. Alles kann richtig sein und alles kann falsch sein. Sie müssen die für sich richtige Lern-Methode suchen und finden.

## Prüferpsychologie

Die Grundlage zur prüferausgerichteten Psycholgie ist die Erkenntnis, daß gut gestimmte Prüfer gute Noten geben. Wie stimmt man Prüfer mit entsprechenden Mitteln gut? Man schont sie und macht ihnen die Wahrnehmung so angenehm wie möglich. Auch die Form überzeugt mit, zumindest im Unterbewußtsein, auch wenn dies offiziell nicht so sein sollte.

In der Klausur sollten Sie daher alles dafür tun, dass diese so leicht les- und korrigierbar ist wie nur möglich. Beispiele: Füller statt Kugelschreiber, große Schrift, breiter Korrekturrand rechts, ggf. hinreichender Heftrand links, gerade Zeilen etwa durch linierte (nicht karierte) Bögen, angenehm anzufassendes Papier. Auch für die Hausarbeit gilt entsprechendes zur Les- und Korrigierbarkeit. Vorteilhaft ist hier die Wahl eines guten Papiers, eines gut lesbaren Schriftdrucks und einer ansehnlichen, praktischen Heftung. Die besten Heftungen sollen jene sein, bei der die geöffnete Hausarbeit offen liegen bleibt, also etwa eine Spiralbindung. Ein Wort zum Drucksatz. Es gibt Block- oder Linksbündigen Satz. Ein linksbündiger Satz (mit Flatterrand rechts) ist ausreichend und gut lesbar. Ein Blocksatz ohne Silbentrennung und dann noch mit breiten Rändern sieht auf den ersten Blick elegant aus, ist aber zum Lesen eine Katastrophe, da riesige Lücken zwischen den Wörtern entstehen. Der Rand muß natürlich links groß genug für die Heftung und rechts groß genug zum Korrigieren (ca. 7 cm) sein. Jetzt noch etwas Parfüm aufzutupfen, ginge jedoch zu weit.

In der mündlichen Prüfung haben Sie Ihr Äußeres zur Repräsentation. Da kann nur wenig empfohlen werden, ordentliche Kleidung, geordneter Haarschnitt und die Vermeidung von Knoblauchgerüchen vielleicht. In der mündlichen Prüfung eröffnet sich jedoch ein ganz neuer Bereich der prüferbezogenen Psychologie. Es besteht die Möglichkeit, sich auf den Menschen und dessen Eigenarten sowie seine juristischen Vorlieben und Abneigungen vorzubereiten. Es können im Vorfeld Gespräche mit dem Prüfer geführt werden. Zum Teil ist dies sogar Vorschrift, zum Teil ist es unproblematisch möglich. Informationen lassen sich auch über schon geprüfte Kandidaten erlangen. An einigen Unis gibt es z.B. einen Pool, für den jeder Prüfling nachher einen Bericht erstellt. Aufschlußreich ist zudem auch die Teilnahme an einer entsprechenden hochschulöffentlichen Prüfung. So wird die Prüfungssituation schon im Vorfeld vertrauter.

## Prüfungssituation

Oft wird nicht richtig verstanden, was die Prüfungssituation eigentlich bedeutet. Man soll dort soviel Wissen wie möglich zeigen. Für den Prüfer stellt sich immer die gleiche Frage: Was weiß der Prüfling. Aus diesem Grund sind Prüfungsfragen immer so gestellt, daß der Prüfling sehr viel schreiben kann. Verblüffende Kurzlösungen, die im Rechtspraxis so willkommen sind, sind hier fehl am Platz. Die Verjährung kommt daher in Prüfungsaufgaben kaum vor. Die umfangreiche Fragestellung wäre dann ja überflüssig. Während man in der Praxis daher zuerst die Verjährung prüft, ist dies in der Prüfung erst als letztes zu prüfen und man kann allenfalls Zusatzpunkte holen. Zudem wäre nach den meisten Prüfungsordnungen wohl ein sog. Hilfsgutachten zu erstellen. Ein Hilfsgutachten ist ein Anschlußgutachten unter Annahme einer entsprechenden kleinen Sachverhaltsabwandlung, so daß die Prüfung des Falls fortgeführt werden kann.

Ein solches Hilfsgutachten empfiehlt sich zudem immer, wenn eine Sackgassen-Lösung gefunden wird, in der nur sehr wenige Punkte angesprochen werden. Manchmal hat der Prüfer tatsächlich bei der Fragestellung einen Fehler gemacht z.B. Daten vertauscht oder unglücklich gewählt - manchmal verrennen sich Prüflinge auch in fantastische Kurzlösungen, die ihnen nicht aus dem Kopf gehen wollen. Mit der Klärung einer solchen Situation kann man keinen Blumentopf gewinnen. Also lieber die Sackgassen-Lösung schreiben und über das Hilfsgutachten die Punkte holen. Noch ein Wort zu den Prüfungsfragen selbst. In juristischen Fragestellungen tauchen regelmäßig A und B auf. Aber wer ist nun A? Wer hier Probleme aufwirft, etwa der Art, „wenn A. ein Minderjähriger unter 14 wäre", der hat schon verloren. Es gilt der Grundsatz: Der normale A ist immer erwachsen und deutsch und hat auch sonst keine Besonderheiten. Alles andere müßte sich aus der Aufgabenstellung ergeben.

Weitergehendes über die Erstellung von Klausuren findet sich im entsprechenden Band der Reihe *leicht gemacht®* von Bringewat „Klausurenschreiben *leicht gemacht®*".

Hier noch Hinweise zum Verhalten in mündlichen Prüfungen. Hin und wieder erhalten Sie dort komplexe Fragen, die nicht durch ein erstes Nachdenken zu beantworten sind. Denken Sie jetzt laut. Die Prüfung ist vom Grundsatz her ein Gespräch. Es ist nicht nötig, sofort fertige

Ergebnisse zu präsentieren. Wenn der Gesprächsfluß läuft, kann der geneigte Prüfer sogar helfend eingreifen mit diskreten Korrekturen oder Zusatzfragen. Reagieren Sie auf Fragestellungen. Der Prüfer hat eine Frage gestellt und wünscht eine Antwort. Schweigen Sie nicht wie ein Fisch. Wenn nichts hilft, tasten Sie sich notfalls durch höflich gestellte Gegenfragen heran „Heißt das, ich soll dies jetzt so und so untersuchen?",,Wenn ich das richtig verstehe, wollen Sie jetzt von mir hören, daß...". Resignieren Sie bloß nicht gleich. Auch wenn man die Antwort nicht weiß, kann man immer noch Punkte mit Randwissen holen. Notfalls gestehen Sie eine Lücke ein und setzen Ansätze mit Sätzen wie: „Im Augenblick ist mir dies unklar, aber ich denke...". Sogar für aufschlußreiche, aber erfolglose Lösungsversuche gibt es noch Punkte.

## Leitsatz 20

**!**

### Verhalten in mündlichen Prüfungen

– Denken Sie laut! Die mündliche Prüfung ist ein Gespräch.

– Reagieren Sie auf Prüfungsfragen! Wer fragt, wünscht eine Antwort.

– Resignieren Sie nicht! Auch für Teilantworten und sogar für aufschlußreiche, erfolglose Lösungsversuche gibt es schon Punkte.

Eine konkrete und umfangreiche Anleitung zum erfolgreichen Bestehen des 1. und 2. Staatsexamens finden Sie im Band „Examen *leicht gemacht*®".

# 13. Lektion

## Latein im Recht

Plötzlich tauchen sie auf! Man liest nichtsahnend seinen sowieso schon schwierigen Text oder hört gespannt einen komplexen Vortrag, da kommt ein lateinischer Rechtsausdruck um die Ecke. Der Benutzer geht unverschämterweise auch noch davon aus, daß man genau wüßte, was es bedeutet. Meist kann man es sich ja aus dem Zusammenhang erschließen, ein wenig soll diese Lektion helfen. Wie sie im vierten Teil des Buches (Kleine Rechtsgeschichte) feststellen werden, hat sich die römische Gedankenwelt zu einer Grundlage unseres Rechtssytems entwickelt. Die prägnanten lateinischen Ausdrücke haben sich bis heute gehalten.

Diese lateinischen Wörter und Ausdrücke werden noch in der lateinischen Form in der Rechtssprache benutzt. Sie werden entsprechend auch in der lateinischen Weise geschrieben, also insbesondere klein und mit „c" statt mit „k". Denken Sie an den aus den Asterix-Comics bekannten Satz „alea iacta est!" „Der Würfel ist geworfen" (die Entscheidung ist gefallen) oder auch an den wohl bekanntesten Rechtssatz, die Hoffnung eines jeden Angeklagten, „in dubio pro reo" „Im Zweifel für den Angeklagten". In Texten werden diese Worte häufig zur Hervorhebung in Schrägschrift (kursiv) geschrieben.

Die Aussprache der lateinischen Ausdrücke ist glücklicherweise sehr einfach. Niemand konnte einen Römer zur damaligen Aussprache befragen. Wir sprechen daher grundsätzlich alle Wörter so aus, wie sie geschrieben werden. Ob das „C" als „K" oder als „Z" ausgesprochen wird, ist allerdings regional unterschiedlich ausgeprägt. Beide Aussprachen sind richtig. Die Buchstabenkombination „ti" wird als „tzi" ausgesprochen, z.B. iustitia (Gerechtigkeit).

## Minilexikon

Mit fremdsprachlichen Wörtern ist es nun mal immer gleich. Es hilft nur eins, und zwar Vokabeln lernen. Als Übersicht 17 folgt nun ein Minilexikon der lateinischen Rechtsbegriffe, mit dem man schon sehr weit kommt. Ziel der Auswahl war es, jenes Minimalwissen aufzuzeigen, nach dem man nur mit einer kleinen Blamage fragen könnte.

## Übersicht 17: Minilexikon lateinischer Rechtsausdrücke

| | |
|---|---|
| aberratio ictus | Abirrung eines Angriffs (Strafrecht; wenn der Täter statt des auserwählten ein anderes Objekt verletzt) |
| ad absurdum | zum Sinnlosen (führen), (bewährte Argumentationsmöglichkeit) |
| ad acta | zu den Akten |
| alea iacta est | Der Würfel ist geworfen (die Entscheidung ist gefallen) |
| aliud | ein anderes (Kaufrecht; Ein aliud als Lieferung OK?) |
| argumentum e contrario | Umkehrschluß (Auslegungsregel bei Gesetzeslücken), mehr in Lektion 11 |
| audiatur et altera pars | es möge auch die andere Partei gehört werden (Grundsatz des rechtlichen Gehörs) |
| conditio (auch: condicio) sine qua non | Bedingung, ohne die (der Erfolg) nicht eingetreten wäre |
| contra legem | gegen das Gesetz |
| contractus | Vertrag |
| coram publico | vor dem Volk, öffentlich |
| corpus delicti | Gegenstand des Verbrechens, Beweisgegenstand |
| cui bono? | Wem kommt es zugute (wem nützt es) |
| culpa | Schuld, Verschulden |
| culpa in contrahendo (cic) cum laude | Verschulden bei Vertragsanbahnung mit Lob (Promotionsnote); auch summa cum laude = mit höchstem Lob; magna cum laude = mit großem Lob; rite = in gehöriger Weise, genügend |
| cum tempore (c.t.) | mit Zeit (die Vorlesung etc. beginnt 15 Minuten später), Gegensatz zu s.t. (ohne Zeit) |

| | |
|---|---|
| de jure | nach der Rechtslage |
| de lege lata | nach erlassenem Gesetz, nach geltendem Recht |
| dolus | Vorsatz, Arglist |
| ergo | also |
| error | Irrtum |
| ex nunc | von jetzt an (Regelung etc.) mit Wirkung für die Zukunft), Gegensatz zu ex tunc |
| ex tunc | von damals an ((Regelung etc.) auch mit Wirkung für die Vergangenheit (rückwirkend)), Gegensatz zu ex nunc |
| falsa demonstratio non nocet | eine unrichtige Bezeichnung schadet nicht |
| honoris causa | ehrenhalber (z.B. Dr. h.c = ein ehrenhalber verliehener Doktortitel) |
| in dubio pro reo | Im Zweifel für den Angeklagten |
| in flagranti | (beim Brennen) auf frischer Tat ertappen |
| in medias res | gleich zur Sache kommen |
| in spe | in der Hoffnung, zukünftig |
| interim | einstweilen (z.B. Interimsbesetzung einer Stelle) |
| invitatio ad offerendum | Einladung (Aufforderung) zur Abgabe eines (Vertrags-) Angebots (z.B. Zeitungsinserat) |
| ipso iure | kraft Gesetzes (ohne Rechtsgeschäft), Eintritt des rechtlichen Erfolgs unmittelbar (z.B. Erwerb des Nachlasses durch die Erben) |
| iudex non calculat | der Richter rechnet nicht (Zivilrecht; Der Richter wertet die Argumente, er zählt sie nicht ab) |

▶

| | |
|---|---|
| iura | die Rechte (hist.: Rechtswelten des weltlichen und des kirchlichen Rechts), umfassende Bezeichnung aller zur Rechtswissenschaft gehörenden Begriffe und Vorgänge |
| iura novit curia | das Gericht kennt die Rechtssätze (die Parteien brauchen nur den Sachverhalt vorzutragen) |
| iustitia | Gerechtigkeit (auch römische Göttin der Gerechtigkeit, deren Abbildung (mit Augenbinde und Waage) sich häufig in Gerichten etc. findet) |
| lex specialis | besondere gesetzliche Vorschrift (ist ein Spezialgesetz vorhanden, geht es dem allgemeinen Gesetz vor) |
| nasciturus | der geboren werden wird (ungeborenes Kind, möglicher Rechtsträger z.B. im Erbrecht) |
| non liquet | es ist unklar, nicht durchsichtig (Ergebnis einer Beweiswürdigung: der Beweispflichtige kann diesen nicht führen) |
| non testatum | nicht bezeugt (Abkürzung „nt" des verantwortlichen Redakteurs, ausgesprochen „Ente" (Zeitungsente)) |
| nullum crimen, nulla poena sine lege | kein Verbrechen, keine Strafe ohne Gesetz (kurz: nullum crimen sine lege; Ohne Gesetz keine Strafe), mehr in Lektion 6 |
| numerus clausus | geschlossene Zahl (z.B. der Sachenrechte) |
| pacta sunt servanda | Verträge müssen eingehalten werden |
| post scriptum (p.s.) | Nachgeschriebenes (Nachsatz in Texten, etwa in Briefen unter der Unterschrift) |
| prima facie | erster Anschein (prima facie-Beweis) |
| ratio legis | Sinn des Gesetzes, Grund des Gesetzes |

| | |
|---|---|
| senior | der Ältere |
| sine tempore (s.t.) | ohne Zeit (-zugabe), wirklich pünktlich (der Termin beginnt nicht c.t. mit 15 min. Verspätungszeit) |
| status quo | gegenwärtiger Zustand |
| sui generis | eigene Art, systematisch nicht einzuordnen |
| tenor | Inhalt, Sinn (Tenor = Urteilsformel, Urteilsspruch) |
| terminus technicus | Fachausdruck |
| tutor | Vormund, Lehrer, Ratgeber |
| urbi et orbi | der Stadt und dem Erdkreis (päpstliches Ritual: Verkündung des Segens der Stadt Rom und der Erde) |
| usus | Gebrauch, Sitte |
| venia legendi | Lehrbefähigung, Erlaubnis an Hochschulen lehren zu dürfen, Lehrbefugnis |
| venire contra factum proprium | Handeln gegen eine selbst gesetzte Tatsache (Verstoß gegen eigenes früheres Verhalten) |
| veto | ich verbiete (Vetorecht = Einspruchsrecht) |
| via | Weg, Straße |

# IV. Kleine Rechtsgeschichte

## 14. Lektion

### Römisches Recht und Mittelalter

Die Rechtsgeschichte ist für viele Juristen ein schwieriges Thema. Das heutige Recht ist schon schwer genug, warum soll man sich dann noch mit der geschichtlichen Entwicklung befassen? So einfach ist dies jedoch nicht. Aus der vergangenen Entwicklung läßt sich bekanntlich auf die Zukunft schließen. Fehler müßten eigentlich in der Geschichte nicht zweimal gemacht werden. Zudem sagt man, es gehöre ein wenig zur Allgemeinbildung. Auf die Frage, wie alt das BGB ist, sollte einem zumindest eine Antwort einfallen. Genauso auf die Frage nach drei wichtigen Rechtsphilosophen. Auch später, wenn etwa größere juristische Arbeiten ins Haus stehen (z.B. Promotion), lernen einige die Vorteile der Rechtsgeschichte zu schätzen. Während sich schon einige Juristen an aktuellen Themen die Finger verbrannt haben, z.B. durch neue Gesetzeslagen vor Veröffentlichung oder eine Vielzahl von Mitkonkurrenten, bietet die Rechtsgeschichte hingegen ein sehr ruhiges und sicheres Fahrwasser.

Zuerst nun zu einer Gliederung. Allerdings fängt hier schon ein Problem an. Deutschland in den heutigen Grenzen existiert noch gar nicht lange, je nach Ansicht wohl seit dem Ende des 2. Weltkriegs (1949). Die Rechtsentwicklungen erfolgten zudem staats- und sprachübergreifend. Sie erfolgten in einigen Rechtsgebieten parallel, in anderen überholten sie sich. Eine wirklich detaillierte Gliederung müßte daher gleichzeitig themen-, orts- und zeitbezogen sein. Damit ist allerdings der Überblick hin. Also im folgenden nun eine auf Übersichtlichkeit getrimmte grobe Gliederung. Ein Hinweis noch zum Verständnis der Zählweise der Jahrhunderte. Das 18. Jahrhundert dauerte vom Jahr 1700 bis zum Jahr 1799, was ein wenig verwirrt, da die Jahre des 18. Jahrhundert mit einer 17 beginnen. Der Grund: das 1. Jh. begann mit den Jahren 1-99.

### Römisches Recht

Eine wichtige Säule ist das Römische Recht aus der Zeit von etwa 500 vor Chr. bis 500 nach Chr. Mit dem Untergang Westroms (476) ging auch die Kenntnis des Römischen Rechts weitgehend verloren. Erst im 11. Jahrhundert werden die römischen Rechtslehren wiederentdeckt, aufgegriffen und gelehrt. Die Ehre dieser Wiederbelebung wird den Rechtsgelehrten in Bologna, Oberitalien, zugeschrieben. Die Rechtslehren entwickeln sich dann in weiten Teilen Europas zu Grundlagen der Rechtssysteme. Das Römische Recht beeinflußt das Privatrecht Deutschlands bis heute nachhaltig. Den Entwürfen des BGB (ab 1888) wurde z.B. vorgeworfen, sie seien nur eine Übernahme des Römischen Rechts.

## Übersicht 18: Gliederung der Rechtsgeschichte

| | |
|---|---|
| – **Römisches Recht** | 500 v. bis 500 n. Chr. |
| Wiederentdeckung | ab 11. Jh. |
| | |
| – **Mittelalter** | |
| Frühmittelalter | 5./6. Jh. bis 10./11.Jh. |
| Hoch- und Spätmittelalter | 10./11. Jh. bis 15. Jh. |
| | |
| – **Neuzeit** | 16. Jh. bis Gegenwart |
| frühe Neuzeit | 16. Jh. bis 18. Jh. |
| 19.Jh. | 1800 bis 1899 |
| 20.Jh. bis Gegenwart | 1900 bis Gegenwart |

Die Übernahme, auch Rezeption, des Römischen Rechts in das deutsche Rechtsverständnis erfolgte mit dem 15. Jahrhundert (also ab etwa 1400). Das Römische Recht schwappte mit den in Oberitalien ausgebildeten Juristen nach Deutschland. Junge Kleriker (Geistliche) und Kaufmannssöhne konnten sich damals ein Rechtsstudium in Oberitalien leisten. Dank ihrer Ausbildung waren sie den einheimischen Juristen insbesondere argumentativ überlegen. Durch deren Mitarbeit an der Gesetzgebung manifestierte sich das Römische Recht in vielen Gesetzen. Hinzuweisen ist etwa auf die Reichskammergerichtsordnung (RKGO) von 1495 (also der „ZPO" des Reichskammergerichts). Die Rezeption des Römischen Rechts bot sich allerdings auch an. Mit der darmaligen langsamen Umstrukturierung von der Agrar- hin zur Warenverkehrswirtschaft kamen neue Rechtsprobleme auf. Das Römische Recht enthielt bereits Lösungen für viele neue Wirtschafts- und Handelsprobleme, die im Römischen Reich schon 1000 Jahre lang ausgetestet worden waren.

Ja, was war denn nun dran am Römischen Recht? Auf jeden Fall so viel, daß es hier auch nicht ansatzweise komplett dargestellt werden kann. Es begann mit dem XII-Tafel-Gesetz (450 v. Chr.). Dieses stellte die erste schriftliche Fixierung des Römischen Rechts dar. Die Tafeln waren im heute noch berühmten Forum in Rom aufgestellt. Leider ist der Inhalt weitgehend unbekannt. Überliefert ist, daß damit die Ehe zwischen Patriziern („römischer Adel") und Plebejern (Volk) verboten wurde. Später kamen die wirklich interessanten Rechtsfragen dazu. Es wurden etwa gesetzliche Regeln bezüglich der Ehe und der Erbschaft, über das Eigentum an Sachen (wem gehört was) sowie über die Strafen bei Diebstahl, Schulden, Sachentziehung, Sachbeschädigung oder Körperverletzung gefunden.

## Leitsatz 21

!

### Das Römische Recht

Das Römische Recht umfaßt in der Entstehung den Zeitraum von 500 vor bis 500 nach Chr. Seine Bedeutung erhält es von der Wiederentdeckung im 11. Jahrhundert in Oberitalien (Bologna). Von dort aus trugen es die Rechtsgelehrten nach Deutschland und in andere europäische Länder. Im 15. Jahrhundert erfolgte die sog. Rezeption (Übernahme) des Römischen Rechts in unser Rechtssystem. Es hat auch im BGB umfassend Niederschlag gefunden.

## Recht im frühen Mittelalter

Bei der Betrachtung des Rechts des Mittelalters wird allgemein unterschieden zwischen dem Frühmittelalter und dem Hoch- und Spätmittelalter. Und um dann gleich weiter zu sehen, es folgt die Neuzeit mit der im weiteren zu betrachtenden frühen Neuzeit und dem 19. Jahrhundert. Auf die „späte" Neuzeit, also von 1900 bis zur Gegenwart, erfolgt abschließend ein kurzer Ausblick.

Vor der Betrachtung des Mittelalters ein kurzer Blick zu unseren Vorfahren, den Germanen. Einige Historiker zählen diese sogar zum frühen Mittelalter. Unklar ist auch, wann es mit den Germanen los ging. Zum Teil werden sie schon mit dem Übergang von der Steinzeit zur

Bronzezeit (2Jt.v.Chr.), zum Teil auch erst um 500 v.Chr. beschrieben. Sie haben also auf jeden Fall zeitgleich mit den Römern gelebt. Das Recht war jedoch noch einfacher strukturiert. Es ging um Blutrache oder Fehde (rechtmäßige Feindschaft, Haß, Streit). Ehe stellte den Erwerb der Gewalt über die Frau dar (u.a. Tötungsrecht bei Ehebruch). Bei Unrechtsfolgen wie Tötung, Körperverletzung, Raub oder Diebstahl hatte der Verletzte und sein Verwandtschaftsverband ein Recht zur Rache bzw. auf eine Auslösung (ein Lösegeld). Das ausgehandelte Lösegeld war allerdings zum Teil an den König bzw. die Völkerschaft und nur zum anderen Teil an die Verwandtschaft zu zahlen

## Übersicht 19: Kleine Tabelle der Zeiten

| | |
|---|---|
| Germanen | 2.Jt. v. Chr. - 500 n Chr. |
| Frühmittelalter | 5./6. Jh. - 10./11.Jh. |
| Hoch- und Spätmittelalter | 10./11. Jh.- 15. Jh. |
| frühe Neuzeit | 16. Jh. bis 18. Jh. |
| 19. Jahrhundert | 1800 - 1899 |

Das frühe Mittelalter beginnt mit dem Sturz des letzten weströmischen Kaisers 476 n Chr. und damit dem Untergang des (West-) Römischen Reiches. Die Herrschaft im westlichen und mittleren Europa ging über auf die einzelnen germanischen Völker (Ostgoten, Westgoten, Vandalen, Langobarden, Burgunder, Franken). Es entwickelten sich entsprechend einzelne Facetten des Rechts. Hier sollen zwei Rechtsstatuten aufgezeigt werden, das Lehenswesen und die Grundherrschaft.

Das Lehenswesen betraf die Ausübung der Macht vom König bis hin zum niederen Adel. Der König vergab an einen von ihm ausgesuchten Herzog Land als Lehen. Es war ein Tausch von Schutz und Unterhaltsmöglichkeit gegen Gehorsam und (militärische) Dienste. Dahinter stand die Erkenntnis, daß es bei der Verwaltung mangels echter Kontrollmöglichkeiten im wesentlichen auf das Vertrauensverhältnis zwischen König und Verwaltungsausübenden ankam. Das Lehensverhältnis war anfangs höchstpersönlich. Es endete also mit dem Tode des Lehnsherrn oder Lehnsmannes (auch Vasalle). Später entwickelte es sich jedoch zur Erblichkeit. Dem Lehenwesen war zudem die Möglichkeit der Weiterverlehnung inne. Der Herzog konnte sog. Aftervasallen, etwa Grafen, erheben. So entstand eine vom König abwärts reichende vielstufige Lehnspyramide. Karl dem Großen werden etwa 2000 Vasallen und 30.000 Aftervasallen zugeschrieben. Im Laufe der Zeit wurde auf diese Weise die gesamte Verwaltung vom Lehensprinzip durchdrungen.

Die Masse der Bevölkerung wurde allerdings durch die sog. Grundherrschaft belastet. Grundherrschaft bedeutete die Herrschaft des Grundherren über die Gegenstände, die sich auf dem Gebiet befanden, und über die Menschen (!), die dort lebten. Hierhin gehört auch der Begriff Frondienste. Bewirtschaftete der Grundherr einen Hof, den sog. Fronhof, so waren die Menschen (Hörigen) zu Frondiensten dort verpflichtet. Bewirtschafteten die Fronhörigen eigene Höfe, so mußten sie drastische Abgaben leisten. Unglücklicherweise hatten sich die Menschen z.T. selbst in die Fron, in den Schutz des Grundherrn, begeben. Sie hatten sich damit anfangs von Dingpflicht und Heerfolge befreit.

Sogar die Hofgerichtsbarkeit stand dem Grundherrn zu. Er richtete über Streitigkeiten der Grundhörigen untereinander (z.B. Erb- oder Grenzstreitigkeiten).

## Leitsatz 22

**frühes Mittelalter**

Das frühe Mittelalter (5./6. Jh. – 10./11.Jh.) beginnt mit dem Sturz des letzten weströmischen Kaisers 476 n. Chr. Zum Teil werden auch die Germanen (bis 500 n. Chr.) mit den recht primitiven Rechtsinstituten Blutrache, Rache oder Fehde (rechtmäßige Feindschaft) hinzugerechnet. Wichtige Rechtsfiguren des frühen Mittelalters sind das Lehenswesen (öffentlichen Verwaltung in Form von persönlicher Verleihung (Lehe) von Gebieten an sog. Vasallen z.B. Herzöge) und die Grundherrschaft (Grundherr, dem die Herrschaft über Menschen (Frondienste) und Gegenständen auf seinem Grund zusteht (inkl. Hofgerichtsbarkeit).

## Recht im Hoch- und Spätmittelalter

Dem frühen Mittelalter folgt die Zeit der Landrechte. Sie finden sich sowohl im Hoch- als auch im Spätmittelalter, weshalb diese Zeiträume gemeinsam betrachtet werden können.

Hochmittelalter    10./11.Jh   -   Mitte 13.Jh
Spätmittelalter    Mitte 13.Jh   -   15 Jh.

Der Begriff „Landrechte" hat die simple Bedeutung, daß in den vielen verschiedenen Ländern des Mittelalters verschiedene Rechte bzw. Rechtsbücher galten. Das bekannteste ist der zu Beginn des 13.Jh. entstandene Sachsenspiegel. In dieser privaten Sammlung des Eike von Repgow steht das Recht des Landes Sachsen in Wort und Bild geschrieben. Es wurde bald wie ein Gesetz angewandt. Hervorzuheben ist weiterhin der Schwabenspiegel und der Deutschenspiegel 1275. Eine Grundlage der neu entstehenden Gesetzbücher ist die schon vorstehend beschriebene Rezeption des Römischen Rechts. Ggf. nochmal kurz nachschlagen!

Im privaten Bereich dreht es sich um die Freiheit der Person, den Stand und die Hausgewalt des Vaters. Den freien Personen stehen etwa die unfreien fronhörigen Bauern gegenüber. Wer in der Stadt wohnt ist z.B. frei (Stadtluft macht frei). Der Stand bestimmt sich durch Geburt und kann sich durch Verschiedenes wie Ächtung, nichteheliche Geburt, Ehrlosigkeit in Folge einer Strafe, unehrlicher Beruf (z.B. Henker) oder auch ministrale Leistungen in der Verwaltung ändern. Die Ehe ist nur bei Angehörigen des gleichen Standes voll wirksam. Richter kann nur eine Person sein, die nicht ständisch darunter steht. Die Hausgewalt des Vaters geht so weit, daß ihm z.B. der Verkauf eines Kindes in Falle echter Not gestattet ist (Schwabenspiegel).

Aus dem 12.Jh stammt auch unsere Namensgebung. Zur Kennzeichung wurde es Pflicht Vor- und Zunamen anzunehmen.

Das Hoch- und Spätmittelalter ist auch die Zeit der Gründung der Verbände. Es werden von den Hofinhabern Marktgenossenschaften gegründet. Die Handwerker schließen sich zu Gilden oder Zünften zusammen. Kaufleute gründen Gesellschaften mit verschiedenen Kapitalverteilungen (z.B. einer zahlt - ein anderer leitet).

Auch der Warenhandel wird vielschichtiger. Er erfolgt nicht mehr immer durch die direkte Übergabe. Es finden sich neue Konstruktionen, wie etwa die Übertragung von Grundstücken durch eine Auflassung bei Gericht (Sachsenspiegel). Viele weitere Rechtsinstitute, die uns heute etwas bedeuten, werden geschaffen oder gewinnen an Bedeutung und Ausformung. Zu denken ist an die Pfandgabe, das Darlehen, die Geldwirtschaft, der Dienstvertrag, die Miete, Wertpapiere und der Schadensersatz.

## Leitsatz 23

**!**

**Recht im Hoch- und Spätmittelalter**

Das Recht im Hoch- und Spätmittelalter (10./11.Jh.-15 Jh.) ist geprägt vom Landrecht. In den einzelen Ländern (z.B. Sachsen, Preußen, Schwaben) werden für die dort geltenden Regeln erste Gesetzbücher erstellt (z.B. Sachsenspiegel). Das Leben wird durch die Freiheit oder Nichtfreiheit der Person, den Stand und die Hausgewalt des Vaters geprägt. Es ist die Zeit der Gründung der verschiedenartigsten Verbände (Marktgenossenschaften, Gilden, Zünfte). Für uns heute wichtige Rechtsfiguren entstehen (Darlehen, Dienstvertrag, Miete, Wertpapiere, Schadensersatz).

## 15. Lektion

### Neuzeit und Gegenwart

### Recht in der frühen Neuzeit

Die frühe Neuzeit (16.Jh.-18.Jh) ist politisch geprägt vom Heiligen Römischen Reich deutscher Nation (H.R.R.d.N.).

Die amtliche Bezeichnung für das erste Deutsche Reich war - für uns heute befremdlich - „Heiliges Römisches Reich deutscher Nation". Bis 1512 hieß es sogar nur „Heiliges Römisches Reich" (H.R.R.). In Hinblick auf Größe und Ausdehnung kamen die Begriffe Römisches Reich und Heiliges Reich auf, die dann später zu dem eindrucksvollen Namen zusammen gefasst wurden. Die Anfänge gehen auf das Jahr 1000 zurück.

Die Macht lag bei den Kurfürsten, bei den sonstigen weltlichen Fürsten und den geistlichen Würdenträgern. Die Kurfürsten wählten den König (später den Kaiser), der dann Anspruch auf Bestätigung und Krönung durch den Papst hatte.

Der Untergang des Heiligen Römischen Reichs deutscher Nation erfolgte im Jahr 1806. Am 12.7.1806 taten sich 16 deutsche Fürsten (u.a. Bayern, Württemberg, Baden) im Rheinbund zusammen und beschlossen die widerrechtliche Trennung vom Reich sowie die Anlehnung an das Frankreich Napoleons. Am 6.8. des gleichen Jahres verzichtete daraufhin der deutsche Kaiser Franz II. auf die Krone.

Die frühe Neuzeit reicht mithin über den Daumen von der Benennung des H.R.R.d.N. (1512) bis zu dessen Ende (1806).

In diese Zeit fallen die Auswirkungen der 95 Reformationthesen von Martin Luther (31.10.1517), der Entdeckung von Amerika durch Christoph Kolumbus (1492) mit der entsprechenden Erweiterung des geistigen Horizontes sowie der Erfindung des Buchdrucks von Johann Gutenberg (1454).

Bei den kriegerischen Auseinandersetzungen ist auf den 30jährigen Krieg von 1618 bis 1648 hinzuweisen. Ein europäischer Religions- und Staatenkonflikt auf deutschem Boden. Teilweise fielen ihm bis zu 70% der Bevölkerung zum Opfer. Die Auseinandersetzung wurde durch den Westfälischen Frieden, der die Souveränität der Fürsten garantierte, beendet. Alle Untertanen mußten die Religion des jeweiligen Landesherrn annehmen (!), „Wess das Land, dess der Glaube".

Angestoßen durch die Erfindungen, Entdeckungen und Entwicklungen wird es eine Zeit des geistigen Umbruchs. An dieser Stelle wird auf drei Begebenheiten eingangen: die Reformation, die Kodifikation und das Naturrecht (Vernunftrecht). Aus den vielen großen Denkern der Zeit wurden Charles Montesquieu, John Locke und Jean-Jacques Rousseau ausgewählt.

Die Reformation wird auf Martin Luther (1483-1546) zurückgeführt. Er kämpfte mit seinen 95 Reformationsthesen von (1517) gegen die allseits bekannten Mißstände der katholischen Kirche (z.B. Ablasshandel, also Geldzahlung gegen Erlass der Sünden). Er selbst wurde zwar verbannt und damit an der Verbreitung seiner Ideen gehindert. Die Ideen selbst aber auch seine in der Verbannung erstellte deutsche Übersetzung der Bibel führten zur Spaltung der Kirche, was wiederum die Grundlage der politischen und kriegerischen Auseinandersetzungen des 30 jährigen Krieges (s.o.) wurde.

Eine weitere Bewegung ist die sog. Kodifikation, die systematische Zusammenfassung der Rechtssätze in Gesetzen. Durch den Buchdruck wurde z.B. die einfache Erstellung und Verbreitung möglich. Hervorzuheben ist hier die sog. Carolina von 1532 auch Peinliche Gerichtsordnung von Kaiser Karl V.. Dieses Gesetz griff im materiellen Teil die schon eingeführte römische Rechtslehre auf. Im prozessualen Teil festigte sie die Indizienlehre, versuchte die Folter einzuschränken und den Richter zu vernünftiger Verhandlungsführung und Beweiswürdigung anzuhalten (z.B. keine Suggestivfragen).

Das Naturrecht (später Vernunftrecht) hat einen ungewöhnlichen Namen, es ist aber sehr wichtig. Mit der Naturrechtslehre lassen sich vor allem die allgemeinen Menschen- oder Grundrechte begründen. Die menschliche Vernunft allein - nicht die geschichtlichen Erfahrungen oder religiösen Überlieferungen - sollen den Maßstab für jedes Recht bilden. Weg mit den historisch aufgebauten Machtgefügen - hin zur Achtung der natürlichen, angeborenen, humanitären Rechte der Menschen. Unendlich viele Rechtsphilosophen seit den alten Griechen trugen und entwickelten diese Ideen. Nicht nur die Menschenrechtserklärung der USA und deren Verfassung gründeten darauf, auch die französischen Revolutionäre von 1789 beriefen sich auf diese Rechte (Freiheit, Gleichheit, Brüderlichkeit).

Die französische Revolution (1789-1799) ist auch ein geeigneter Aufhänger zur Darstellung der großen Denker der Zeit. Zwei Rechtsphilosophen aus der Ecke der Naturrechtslehre wird die gedankliche Vorarbeit zugeschrieben: John Locke (1632-1704) und Jean-Jacques Rousseau (1712-1778). Mit dem Background der beiden verstorbenen Philosophen stürmten dann am 14.7.1789 die französischen Massen die Bastille.

John Locke (1632-1704) war ein Engländer, der zeitweise in Frankreich lebte. Er erhob Gleichheit, Freiheit und das Recht auf Unverletzlichkeit von Person und Eigentum zu obersten Rechtsgütern. Er forderte die

Trennung von Legislative und Exekutive. Sein Hauptwerk stammt aus dem Jahre 1690 und heißt „Versuch über den menschlichen Verstand".

Jean-Jacques Rousseau (1712-1778) war ein französischer Rechtsphilosoph schweizer Herkunft. Er erweiterte die Forderungen von John Locke. Da die Menschen sich erst zur Wahrung von Freiheit und Gleichheit durch Vertrag zu einem Staat zusammenschließen, ruhe die Staatsgewalt beim Volk. Die Souveränität des Volkes sei absolut, unteilbar und unveräußerlich. Die Regierenden seien nur Funktionäre des Volkes, die Gesetze bedürften der Zustimmung aller, bei großen Völkern durch die Vertreter in einem Parlament. Sein Hauptwerk von 1762 heißt „Der Gesellschaftsvertrag".

Ein dritter französicher Rechtsphilosoph sollte in diesem Zusammenhang nicht fehlen. Charles Montesquieu lebte von 1689 bis 1755. Er gilt als Vorläufer für die wissenschaftliche Begründung fast aller sozialwissenschaftlicher Disziplinen und ist entsprechend schwere Kost. Er entwickelte die Lehre der Gewaltentrennung und vieles mehr. Eine seiner Feststellungen war die, daß die Gesetze durch die realen Gegebenheiten der Umwelt bedingt seien. So sei z.B. nach dem griechischen und dem römischen Gesetz Selbstmord strafbar gewesen, jedoch aus verschiedenen Gründen. Sein Hauptwerk lautet „Vom Geiste der Gesetze" (1748).

## Leitsatz 24

**!**

### Recht in der frühen Neuzeit

Die frühe Neuzeit (16Jh.-18.JH) ist politisch geprägt von dem Heiligen Römischen Reich deutscher Nation (H.R.R.d.N.), dem 30 jährigen Krieg vom 1618 bis 1648 (Ende durch den Westfälischen Frieden) und der französische Revolution (1789-1799). Als wichtiges Gedankengut ist die Reformation, die Kodifikation (mit der sog. Peinlichen Gerichtsordnung von Kaiser Karl V. (auch Carolina, 1532)) und das Naturrecht bzw. Vernunftrecht hervorzuheben. Zu den vielen großen Rechtsphilosophen der Zeit gehören Charles Montesquieu, John Locke und Jean-Jacques Rousseau.

## Recht im 19. Jahrhundert

Politisch ist das 19. Jahrhundert vom Deutschen Bund (1815-1866) und vom (zweiten) Deutschen Reich (1871-1918) geprägt.

Nach dem glücklichen Ende der Befreiungskriege gegen Napoleon (1813-1815) schlossen sich einige deutsche Fürsten und freie Städte zu einem Staatenbund, dem Deutschen Bund, mit anfangs 38 Mitgliedern zusammen. Er entwickelte sich leider schnell zu einem Instrument der Unterdrückung der Einheits- und Verfassungsbewegungen. Die Geschichte der spannenden 48er Revolution beginnt mit einem Blick nach Frankreich. Dort wird am 24.2.1848 in einer (dritten) Revolution, der sog. französichen Februarrevolution, erneut eine Republik verkündet. Die Bewegung schwappt nach Deutschland, wo die Forderungen nach Reformen (Republik, Schwurgericht, Pressefreiheit) übernommen werden. Schon im März beginnt die 48er Revolution mit Unruhen in Wien und Berlin. Zur gleichen Zeit wird aus der Ecke der südlichen Landtage die Wahl einer Nationalversammlung auf den Weg gebracht. Die Mitglieder werden in den einzelnen Staaten gewählt! Die Nationalversammlung wird am 18.5.1848 in der Frankfurter Paulskirche eröffnet. Es gelingt den Mitgliedern, sich am 27.12.1848 auf ein umfassendes Gesetz über die Grundrechte des deutschen Volkes (Verfassung) zu einigen. Gestritten wird jedoch über die politische Führung. Mit knapper Mehrheit wird - wie widersinnig für eine Revolution - der preußische König Friedrich Wilhelm IV. zum Kaiser gewählt (28.3.1849). Dieser lehnt einen Monat später jedoch die „mit dem Ludergeruch der Revolution behaftete" Krone ab. Die Nationalversammlung ist gescheitert und zerfällt. Die Reste der bürgerlichen Revolution wurden mit militärischer Gewalt zerschlagen. Der Deutsche Bund besteht noch 17 Jahre bis 1866 weiter.

Nach verschiedenen Kriegen und Zusammenschlüssen wurde 1871 das (zweite) Deutsche Reich (1871-1918) gebildet.

Nun ein Blick auf die Gesetzgebung des 19. Jahrhunderts. Im Heilgen Römischen Reich deutscher Nation und nach dessen Ende 1806 bestand noch eine große Zersplitterung des Rechts. In Preußen z.B. galt das Allgemeine Preußische Landrecht (ALG) von 1794. Linksrheinisch galt der Code civil (das französische Gesetzbuch, 1804). In anderen Teilen des Reichs galten ältere umfassende Stadt- und Landrechte, wie etwa in Württemberg das Landrecht von 1610. Diese Zersplitterung wurde im Laufe der zweiten Hälfte des 19. Jahrhunderts aufgehoben.

Das Ziel eines einheitlichen bürgerlichen Gesetzbuches war schwer zu erreichen. Während in der Reichsverfassung der Frankfurter Pauls-kirche von 1849 die Schaffung vorgesehen war, wurde diese mit dem Scheitern der 48er Revolution wieder aufgegeben.

Im Gegensatz zum schwer durchsetzbaren einheitlichen Zivilgesetzbuch fanden sich für die Wirtschaftsgesetze leichter und früher Lösungen. Zur Geld- und Kapitalbeschaffung wurde 1848 die Allgemeine Deutsche Wechselordnung geschaffen. Von 1861 stammt das Allgemeine Deutsche Handelsgesetzbuch (ADHGB), welches auch das Aktienrecht beinhaltet. Im Jahr 1892 folgte dann das GmbH- Gesetz.

Nach der Gründung des Deuschen Reiches 1871 wurde noch im glei-chen Jahr ein Reichsstrafgesetzbuch in Kraft gesetzt, welches auf dem Preußischen Recht fußte.

Für das Prozeßrecht folgte im Jahre 1878 der große Wurf: Zivilprozeß-ordnung (ZPO), Strafprozeßordnung (StPO), Gerichtsverfassungsgesetz (GVG) und Konkursordnung (KO, heute Insolvenzordnung) wurden erlassen.

Das bürgerliche Gesetzbuch (BGB) hatte eine schwierigere Geburt. Um das zwischenzeitlich gefaßte Ziel, die Wirksamkeit auf das historische Datum 1.1.1900 zu legen, einhalten zu können, wurde schon 1874 eine Vorkommission gebildet. Erst 12 Jahre später konnte der erste Entwurf vorgelegt werden (1886). Ein zweiter Entwurf folgte 1896. Beide wur-den umfassend diskutiert und erörtert. Am Neujahrstag 1900 trat das BGB tatsächlich dann in Kraft. Die Autoren, von denen keiner beson-ders hervortrat, haben wohl wirklich ein Grundwerk geschaffen. Durch die weitgefaßten Grundregeln war es z.B. offen für neue Anforderungen wie den Versandhandel oder den Selbstbedienungskauf. Die klare Systematik und seine dogmatische Gründlichkeit haben es zum Vorbild für das Privatrecht in vielen Ländern der Welt gemacht; zu denken ist besonders an Japan (schon 1898) und an Griechenland (1930/46). Aus diesem Grund tummeln sich auch hin und wieder Studenten aus diesen Ländern auf unseren Unis. Auch werden unsere großen heutigen BGB-Lehrbücher z.T. in die entsprechenden Fremdsprachen übersetzt.

Eine kleine Anmerkung sei jedoch gestattet: Ganz perfekt war der Wurf allerdings nicht. Schon 1904 fiel auf, daß die nicht ganz unerheblichen

Anspruchsgrundlagen c.i.c. und PVV fehlten (wenn vor oder nach Vertragsschluß etwas schief geht; mehr zu c.i.c. und PVV in BGB *leicht gemacht*®). Sie wurden dann über einen Zeitraum von 100 Jahren aus § 242 BGB (Treu und Glauben) gezaubert, bis am 1.1.2002 die Anspruchsgrundlagen durch eine Schuldrechtsreform direkt ins BGB einflossen.

## Ausblick zur Gegenwart

Mit dem Jahr 1900 endet schon fast der kleine geschichtliche Ausflug. Das 20. und 21. Jahrhundert betrifft unsere jüngere Geschichte. Viele Gesetze, die in diesem Zeitraum geschaffen wurden, wirken bis heute fort. Eine abschließende rückblickende Würdigung ist so früh noch nicht sinnvoll. Welche Gesetze und welche Rechtsphilosophen unserer Zeit haben tatsächlich fortdauernde Entwicklungen bewirkt - wer kann dies heute schon sagen?

Es soll hier allerdings noch kurz in Erinnerung gerufen werden, was man aus dieser Zeit politisch wirklich nicht vergessen sollte: das Ende des zweiten Kaiserreichs (1871-1918), die Weimarer Republik (1919-1933), das „Dritte" Reich von 1933 bis 1945 und die beiden Weltkriege (1914-18; 1939-45).

Von den großen Rechtsphilosophen des 20. Jahrhunderts sollte man drei Namen mal gehört haben. Der Strafrechtler Gustav Radbruch (1878-1949) vertritt die Lehre des Relativismus (Rechtssicherheit, Gerechtigkeit, soziale Zweckmäßigkeit) als Gegenspiel zur Naturrechtsdoktrin. Die zentrale Lehre des Wirtschaftstheoretikers Niklas Luhmann (1927-1998) ist seine „Systemtheorie" (Das Recht der Gesellschaft, 1993), worin er die Gesellschaft als geschlossenen Prozeß der Kommunikation versteht. Der Soziologieprofessor Jürgen Habermas (Theorie des kommunikativen Handelns, 1988) modernisiert die Theorien von Rousseau und Kant.

## Übersicht 20: Zeitleiste der Rechtsentwicklung

| | |
|---|---|
| 2.Jt. v. Chr. | bis 500 n. Chr. Germanen (Recht: u.a. Blutrache, Rache, Fehde) Anfänge am Übergang von Steinzeit zur Bronzezeit |
| 500 v Chr. | bis 500 n. Chr. Römisches Reich mit der Entwicklung des römischen Rechts (Übernahme (Rezeption) dann im 15. Jh. ins deutsche Recht) |
| 5./6. Jh. | bis 10./11. Jh. Frühmittelalter (Beginn mit dem Untergang des Weströmischen Reiches 476 n. Chr., Recht: Lehenswesen, Grundherrschaft) |
| 10./11. Jh. | bis 15. Jh. Hoch- und Spätmittelalter (Recht: Landrecht (z.B. Sachsenspiegel), unfreie Menschen, Ständerecht) |
| 12. Jh. | allgemeine Namensgebung (Zur Kennzeichnung sind Vor- und Zunamen anzunehmen) |
| 13. Jh. | Beginn der Gründung von Verbänden (Marktgenossenschaften, Gilden, Zünfte oder kaufmännische Gesellschaften) |
| 15. Jh. | Beginn der Wiederentdeckung (Rezeption) des römischen Rechts in Deutschland (in Oberitalien schon ab 1000) |
| 1454 | Erfindung des Buchdrucks durch Johann Gutenberg (Grundlage zur einfachen Verbreitung von Bibel und Gesetzen) |
| 1492 | Entdeckung Amerikas durch Christoph Kolumbus (Erweiterung des geistigen Horizontes) |
| 16. Jh. | bis 18. Jh., frühe Neuzeit (geprägt vom Heiligen Römischen Reich deutscher Nation) |

| | |
|---|---|
| 1512 | Namensgebung des Heiligen Römischen Reichs deutscher Nation (H.R.R.d.N.). Es war geprägt von der Macht der Fürsten. Die Anfänge reichen bis ins Jahr 1000 zurück. Nach Abspaltung von 16 deutschen Fürsten im Jahre 1806 und deren Anlehnung an Frankreich mußte der deutsche Kaiser Franz II. auf die Krone verzichten. |
| 1517 | 95 Reformationsthesen von Martin Luther |
| 1532 | Peinliche Gerichtsordnung von Kaiser Karl V. (auch Carolina genannt) |
| 1618 | bis 1648, der 30 jährige Krieg auf deutschem Boden (Ende durch den Westfälischen Frieden) |
| 1789 | bis 1799, französiche Revolution |
| 1794 | Inkraftsetzung des Allgemeinen Preußischen Landrechts (ALR) |
| 1804 | Der Code civil wird in Frankreich unter Napoleon erlassen |
| 1813 | bis 1815, Befreiungskriege gegen Napoleon |
| 1815 | bis 1866, der Deutsche Bund |
| 1848 | französiche Februarrevolution (24.2.1848) (Erneute Ausrufung einer Republik) |
| 1848 | 48er Revolution (Beginn mit Unruhen in Wien und Berlin im März; Ende im April 1849 nach Auflösung der Nationalversammlung) |

| | |
|---|---|
| 1848 | Nationalversammlung in der Frankfurter Paulskirche (Eröffnung 18.5.1848, Schaffung einer deutschen Verfassung (27.12.1848), wählt den preußischen König zum Kaiser, welcher jedoch ablehnt (28.4.49), was zum Scheitern führt.) |
| 1848 | Erlaß der Allgemeinen Deutschen Wechsel-ordnung |
| 1861 | Erlaß des Allgemeinen Deutschen Handels-gesetzbuchs (ADHGB) u.a. mit Aktienrecht |
| 1871 | bis 1918, das (zweite) Deutsche Reich |
| 1871 | Erlaß des Reichsstrafgesetzbuchs (nach preußi-schem Vorbild) |
| 1878 | Erlaß der Gesetze für das Prozeßrecht (ZPO, StPO, GVG, KO) |
| 1892 | Erlaß des GmbH-Gesetzes |
| 1900 | Zu Neujahr tritt das bürgerliche Gesetzbuch (BGB) in Kraft |
| 20. Jh. | Ende des zweiten Kaiserreichs (1871-1918), Weimarer Republik (1919-1933), „Dritte" Reich von 1933 bis 1945, Weltkriege (1914-18; 1939-45) |

## Übersicht 21: Bedeutende Persönlichkeiten der Rechtsgeschichte

Unsere konkrete Rechtsgeschichte wurde seit dem 17. Jahrhundert durch bedeutende Persönlichkeiten geprägt, durch die Rechtsphilosophen. Aus der Vielzahl der großen Denker wurden acht ausgewählt, um sie hier vorzustellen.

- **John Locke** (1632-1704), (gesp. Djon Lok), Engländer, lebte zeitweise in Frankreich. Er erhob Gleichheit, Freiheit und Recht auf Unverletzlichkeit von Person und Eigentum zu obersten Rechtsgütern. Er forderte die Trennung von Legislative und Exekutive. Hauptwerk: Versuch über den menschlichen Verstand (1690). (s.a. Lektion 15, frühe Neuzeit).

- **Charles Montesquieu** (1689 - 1755) gesp. „Scharl Monteskiö", Franzose. Er gilt als Vorläufer für die wissenschaftliche Begründung fast aller sozialwissenschaftlicher Disziplinen. Er entwickelte die Lehre der Gewaltentrennung. Hauptwerk: Vom Geiste der Gesetze (1748). (s.a. Lektion 15, frühe Neuzeit).

- **Jean-Jacques Rousseau** (1712-1778) (gesp. Djon-Djak Rousoh), französischer Rechtsphilosoph schweizer Herkunft. Er erweiterte die Forderungen von Locke. Da die Menschen sich erst zur Wahrung von Freiheit und Gleichheit durch Vertrag zu einem Staat zusammenschließen, ruhe die Staatsgewalt beim Volk. Die Souveränität des Volkes sei absolut, unteilbar und unveräußerlich. Die Regierenden seien nur Funktionäre des Volkes, die Gesetze bedürften die Zustimmung aller, bei großen Völkern durch die Vertreter in einem Parlament. Hauptwerke: Abhandlung über den Ursprung und die Grundlagen der Ungleichheit unter den Menschen 1754, Der Gesellschaftsvertrag 1762. (s.a. Lektion 15, frühe Neuzeit).

- **Immanuel Kant** (1724-1804), deutscher Philosoph. Er wird in der Regel ohne Vornamen zitiert. Viele Rechtsphilosophen berufen sich auf seine Lehre bzw. sehen sich in seiner Lehre. Sie werden als

Kantianer bezeichnet. Die Lehre ist allerdings höchste Rechtsphilosophie, also grausam unverständlich. Selbst einfache Zitate gehen über vier fremdwörterhaltige Zeilen. Also nur ein einfacher Einstieg: Er wendet sich gegen die fürchterlichen Strafvorstellungen das 18. Jahrhundert. Er fordert eine scharfe Trennung von Legalität (Gesetz) und Moralität (Sittenlehre). Dies bedeutet, daß das Recht die Moral ermöglichen und nicht durchsetzen soll. Weiterhin von Bedeutung ist Kants Begriff der Freiheit. Freiheit bedeutet für ihn die Selbstbindung an das Gesetz der Vernunft. Es sei niemals Sache des Staates, jemanden durch Zwang auf den Weg der Tugend zu führen. Kants Rechtslehre legitimiert den liberalen Rechtsstaat. Klarer ist zumindest seine dualistische Philosophie (Zwei-Welten-Theorie). Sein und Bewußtsein, Natur und Geist, Objekt und Subjekt, Reales und Ideales, Sein und Sollen sind streng zu unterscheiden. Hauptwerke: Kritik der reinen Vernunft (1781), Kritik der praktischen Vernunft (1788), Kritik der Urteilskraft (1790).

- **Adam Smith** (1723-1790), (gesp. Ädem Smitz), britischer Nationalökonom und Philosoph. Gilt als Begründer der klassischen Nationalökonomie. Grundlage seiner volkswirtschaftlichen Theorie ist die Arbeitswertlehre, wonach der Wert einer Ware sich nach der in ihr vergegenständlichten gesellschaftlich notwendigen Arbeit bestimmt. Er forderte Freihandel, volle Handels- und Gewerbefreiheit sowie weitgehende Zurückhaltung des Staats. Hauptwerk: Untersuchungen über die Natur und die Ursachen des Nationalreichtums (1776).

- **Paul Johann Anselm v. Feuerbach** (1775-1833) war zu Beginn des 19. Jahrhunderts wohl der bedeutendste Strafjurist in Deutschland. Er begründete unter dem Einfluß von Kant eine neue Strafrechtslehre. Entscheidend war für ihn das Prinzip Abschreckung durch Strafandrohung. Es kam für ihn nicht darauf an, den einzelnen zu bessern. Der Strafvollzug sollte nur deutlich machen, daß der Staat die angedrohte Strafe im Fall der Rechtsverletzung auch vollziehe. Feuerbach wollte also auf den Verbrecher in den Moment einwirken, in dem dieser die Abwägung zwischen den Reizen des Verbrechens und den zu erwartenden Folgen traf. Gesetze müssen allgemein bekannt sein. Unrechtsfolgen dürfen nicht im Ermessen des Richters stehen. Er formulierte die Maxime: „Nullum crimen, nulla poena sine lege" (kein Verbrechen, keine Strafe ohne Gesetz), die zu einem der wichtigsten rechtsstaatlichen Grundsätze wurde. Anmerkung: Er hat den Findling Kaspar Hauser (vertauschter Sohn eines Fürsten?) in sein Haus aufgenommen. Hauptwerk: Revision der Grundsätze und Grundbegriffe des positiven peinlichen Rechts (1800).

- **Georg Wilhelm Friedrich Hegel** (1770-1831), deutscher Philosoph. Strafe sollte weder Erziehung, noch Drohung bzw. Abschreckung (Kant) sein. Die Tat des Verbrechers sei nicht ein erstes, Positives, zu welchem die Strafe als Negation käme, sondern ein Negatives, so daß die Strafe nur Negation der Negation sei. Die These von der Einwilligung des Verbrechers in die Strafe sei richtig, allerdings nicht auf Grund eines Gesellschaftsvertrags, sondern bereits durch die Tatsache der Verbrechensbegehung. Hauptwerk: Phänomenologie des Geistes (1807), Wissenschaft der Logik (1816).

- **Friedrich Carl v. Savigny** (1779-1861), (gesp. Sawienie), deutscher Jurist. Er ist das „Haupt" der „Rechtsschule" des Historismus. Der Historismus wendet sich gegen Aufklärung und Naturrecht. Das Recht sei kein Erzeugnis der Vernunft, sondern des in der Geschichte waltenden Volksgeistes. Das Gewohnheitsrecht (das gewohnte und bestehende Recht) sei der Gesetzgebung vorzuziehen. Recht sei das Ergebnis eines langen geschichtlichen Prozesses. Das Naturrecht sei spekulativ gedacht, ein bodenloser Hochmut der Philosophen. Hauptwerke: Recht des Besitzes (1803), System des heutigen römischen Rechts (1849)

Rechtsphilosopen des 20. Jahrhunderts: der Strafrechtler Gustav Radbruch (1878-1949) (Lehre des Relativismus); der Philosoph Niklas Luhmann (Das Recht der Gesellschaft, 1995) und der Soziologieprofessor Jürgen Habermas (Theorie des kommunikativen Handelns, 1988) (s.a. Lektion 15, Ausblick).

# Reihe *leicht gemacht*®

## BGB – *leicht gemacht*
*Kleiner BGB-Schein für Juristen, Betriebs- und Volkswirte*

*von Dr. Heinz Nawratil    Notar*

*29., neu bearbeitete Auflage*

Eines der erfolgreichsten Bücher zur Einführung in das Bürgerliche Recht, mit dem Generationen Studierender den Einstieg in das Fach gefunden haben. Frisch und witzig, mitreißend und anregend geschrieben.

*16,5 x 11,5 cm*
*kart., 150 Seiten*
*2006*

*ISBN*
*978-3-87440-210-1*

*9,95 €*

## HGB – *leicht gemacht*
*Eine Einführung in das Handels, Gesellschafts- und Wertpapierrecht mit praktischen Fällen und Hinweisen für Klausuraufbau und Studium für Juristen, Betriebs- und Volkswirte und Studierende an Fachhochschulen und Berufsakademien*

*von Dr. Heinz Nawratil    Notar*

*21., überarbeitete Auflage*

Das Buch gibt einen Überblick über die Systematik und die Grundlagen dieses Rechtsgebietes. In seiner bewährt fallorientierten Darstellung erleichtert es nicht nur Studenten den Einstieg in die facettenreiche Materie. Nützlich ist die Lektüre auch für interessierte Laien und Unternehmer. Hier lernen Sie Sachverhalte begreifen, die unmittelbar mit Ihrem Berufsalltag zu tun haben: Handelsgeschäfte, Machtbefugnisse des Prokuristen, unterschiedliche Gesellschaftsformen - von der stillen bis zur Aktiengesellschaft - und Wertpapiere.

*16,5 x 11,5 cm*
*kart., 123 Seiten*
*2007*

*ISBN*
*978-3-87440-215-6*

*9,95 €*

Internet: www.kleist-verlag.de